A LUZ DO MUNDO

A LUZ DO MUNDO

POR

J. VAN RIJCKENBORGH

2.ª EDIÇÃO

LECTORIUM ROSICRUCIANUM

2012

Título original:
Het licht der wereld

2.ª edição
Tradução da edição holandesa de 1980

2012
impresso no brasil

Lectorium Rosicrucianum
Escola Internacional da Rosacruz Áurea

Sede Internacional
Bakenessergracht 11-15, Haarlem, Holanda
www.rozenkruis.nl

Sede no Brasil
Rua Sebastião Carneiro, 215, São Paulo, SP
www.rozacruzaurea.org.br

Sede em Portugal
Travessa das Pedras Negras, 1, 1.º, Lisboa, Portugal
www.rosacruzlectorium.org

Dados Internacionais de Catalogação na Publicação (CIP)
(Câmara Brasileira do Livro, SP, Brasil)

Rijckenborgh, J. van, 1896–1968.
A luz do mundo / J. van Rijckenborgh ;
[tradução : Lectorium Rosicrucianum]. — 2. ed. – Jarinu, SP :
Lectorium Rosicrucianum, 2012.
Título original: *Het licht der wereld*
ISBN: 978-85-62923-11-1

1. Rosacrucianismo - Discursos, ensaios, conferências I. Título.
12-05749 CDD-135.43

Índices para catálogo sistemático:

1. Rosa-Cruz : Ordem : Ciências ocultas 135.43
2. Rosa-Cruz : Conferências : Ciências ocultas 135.43

Caixa Postal 39 — 13.240-000 — Jarinu — SP — Brasil
Tel. (11) 4016.1817 — FAX (11) 4016.3405
www.pentagrama.org.br
livros@pentagrama.org.br

Sumário

Prefácio

Este livro, assim como *O mistério das bem-aventuranças,* contém uma série de alocuções proferidas por J. van Rijckenborgh entre 1945 e 1947, portanto no último ano da Segunda Guerra Mundial e nos primeiros anos do pós-guerra.

Naqueles tempos de horror, mas também de esperança de um futuro melhor, o autor abordou de forma totalmente nova, à luz da Rosacruz Áurea, as conhecidas palavras que Jesus, o Senhor, disse sobre a montanha sagrada e que podem ser encontradas no Evangelho de Mateus.

Entretanto, algumas décadas passaram-se, décadas em que a humanidade descobriu que a paz mundial, o sonho de milhões em 1945, continua sendo um ideal inatingível.

As palavras pronunciadas por J. van Rijckenborgh entre 1945 e 1947 continuam, portanto, muito atuais, pois em quase todos os lugares ainda há luta entre os povos.

Por isso, sentimo-nos impelidos a levar novamente à humanidade buscadora, e talvez desesperançada, de nosso tempo, uma compilação dessas alocuções, adaptadas conforme as circunstâncias que ora se apresentam. Quem as ler com o coração aberto reconhecerá a verdade de que cada palavra dá testemunho.

No último capítulo, *O sacrifício do homem celeste,* a tão conhecida história da crucificação de Jesus (João 19:17–19) é explicada de um modo totalmente novo. Quem puder compreender, compreenda!

Os editores

I

Vós sois o sal da terra

Vós sois o sal da terra. Ora, se o sal se tornar insípido, com que se há de restaurar-lhe o sabor? Para nada mais presta, senão para ser lançado fora, e ser pisado pelos homens. Vós sois a luz do mundo. Não se pode esconder uma cidade situada sobre um monte. Nem se acende uma candeia para colocá-la debaixo do alqueire, mas no velador, e assim ilumina a todos os que estão na casa. Assim resplandeça a vossa luz diante dos homens, para que vejam as vossas boas obras, e glorifiquem a vosso Pai, que está nos céus.

(Mateus 5:13–16)

Quando o ser humano aspira por libertar-se espiritual e materialmente, condenando o mundo e a humanidade devido à desenfreada degeneração da vida, é mais do que certo que ele acabe apontando, em suas críticas incisivas, os pontos fracos e o comportamento pecaminoso dos outros, nunca os próprios. Responsabilizais vossos inimigos por tudo de ruim, inferior e desumano, e ninguém pode dizer que vossas críticas e julgamentos são falsos. Quase toda crítica contém uma parcela de verdade. O ônus de um estado sanguíneo desvirtuado é tão grande, as fraquezas humanas são tão formidáveis, a iniquidade de indivíduos e de grupos tão evidentes, que quase toda crítica pode ser considerada fidedigna.

Desde já deixamos claro, para evitar qualquer mal-entendido, que a justiça perfeita deve triunfar e ser levada a cabo neste mundo. Todavia, questionamos a validade da crítica, esse método tão comum, como o modo correto de revelar as falhas fundamentais da existência humana. Esse método sempre investiga e observa os erros nas coisas exteriores. Quase nunca se coloca em dúvida a capacidade do homem, em razão de sua natureza degenerada, de produzir uma crítica objetiva, ou a sua imparcialidade de julgamento e observação.

Se refletíssemos seriamente sobre isso, descobriríamos que a Doutrina*[1] Universal ensina que todo ser humano somente pode ver seu semelhante, coisas e valores à sua volta através da própria esfera* aural. Contudo, essa esfera não se encontra em seu estado puro e perfeitamente transparente, mas num estado turvo e distorcido pelo próprio ser* sanguíneo, pelo nosso próprio estado de ser.

Além disso, descobriríamos que o eu sempre age com base na premissa de que ele está certo. Ele é a vítima, seus pontos de vista e suas ações são corretos e devem ser reconhecidos e acatados. O rei eu vive a ilusão da realeza. E como suas ilusões não são reais, sua realeza é necessariamente atacada pelas leis naturais, que, por sua vez, provocam seu instinto de autopreservação.

Quem é que me ataca? Quem ameaça meu reino? Quem ataca meu estado de ser? Quem não me reconhece em minha ilusão? Quem tenta tirar-me do trono de meu padrão de vida, conquistado tão cuidadosamente, para que eu passe fome e me faltem

---

[1]Palavras seguidas por um asterisco no texto aparecem no Glossário, que se inicia na p. 75.

roupas, combustível e luz, e eu fique à míngua? Toda a minha fúria incontrolável e sanguinária volta-se contra meu ofensor, que, devido a suas ilusões, a seus sonhos de realeza, faz tudo isso contra mim.

Existe experiência pior do que essa para o rei *eu,* acostumado a receber um bom salário, a morar numa casa moderna com ar-condicionado, água quente e fria, rádio, televisor, a deleitar-se toda noite com sua dose de veneno lendo o jornal, e a cada ano viajar de férias para algum paraíso tropical?

Já não seria hora, supondo-se que a justiça deva triunfar, de calar diante de vossos supostos inimigos e de compreender que atualmente estamos vivendo uma crise da ilusão-eu, que fomos expulsos do nosso lugar conquistado ao sol e nosso padrão de vida foi despedaçado porque a taça estava cheia?

Ainda não seria chegada a hora de recolher-vos em vosso imo devido a toda essa amargura? Se desejais lançar vossas críticas cáusticas, o alvo de vossa mordacidade deverá ser vosso próprio ser. Desnudai-vos e vede os ossos de vossa miséria projetando-se em todas as direções. Os ossos chocalham, e as articulações estalam.

Talvez agora vos sintais indignados. Podeis pensar: "O autor ridiculariza a morte e a confusão". Todavia, nossa tarefa é despertar-vos e manter-vos despertos. A espada da verdade deve ser-vos plantada na alma.*

Não ridicularizamos, porém traspassamos com a espada da verdade a carcaça de vosso eu ilusório. Quando responsabilizais as coisas exteriores, na verdade vos estais dirigindo rumo a um perigo bem real, a um novo giro da roda* da vida e da morte. É possível e muito compreensível que a maioria das pessoas necessite disso; para muitos, uma única experiência amarga não é o suficiente para uma reversão completa.

No entanto, vós leitores, como alunos da Rosa-Cruz, pertenceis a uma escola espiritual. O Lectorium Rosicrucianum é atualmente a voz do desvelo de Cristo. Ingressastes livremente nele, ninguém vos obrigou. Portanto, presumimos que procurais a senda da luz, dirigidos por reminiscências espontâneas, mediante vossa racionalidade. Por isso, deveis possuir uma forma e uma qualidade, aliadas a um método de vida, totalmente diferentes do restante da humanidade. Em consequência de vossa presença na Escola* Espiritual, estais em busca da revelação do Espírito, e não da revelação da natureza.

Se desejais a revelação da natureza, viestes ao lugar errado, e, se aqui chegastes, não podemos proteger-vos contra vós mesmos, nem evitar que entendais nossas palavras como sarcasmo. Se procurais a revelação do Espírito, sabereis de que Espírito damos testemunho. Então sabereis o que está por trás de nós.

Reunidos numa só Fraternidade, sabemos que a vida natural deixou sulcos profundos em nossa vida e que nossas articulações se mostram bem frouxas.

Contudo, entendemo-nos uns aos outros perfeitamente, pois nem alturas, nem profundezas, nem coisas, nem homens, nem pessoas, nem raças, nem fome, nem frio são capazes de separar-nos do amor que nos foi diretamente revelado, e está em Jesus Cristo, nosso Senhor. Somos a levedura da nova era que nasceu em dor e aflição!

Somos a levedura? Trabalhareis conosco? Erguereis, de baixo para cima, um homem completamente novo, uma obra completamente nova, manifestada numa autorrenovação realizada de maneira científica? *Essa* é a missão, *essa* é a tarefa!

Se supondes ser um dos pioneiros da raça humana, se pensais ser um cristão, se estais cientes do que significa entrar em contato com a Escola de Mistérios, então as palavras proferidas no monte também se destinam a vós:

> *Vós sois o sal da terra. Ora, se o sal se tornar insípido, com que se há de restaurar-lhe o sabor? Para nada mais presta, senão para ser lançado fora e ser pisado pelos homens.*

De fato, se os que se aproximam da Escola Espiritual de livre e espontânea vontade, dirigidos pelo impulso espiritual da reminiscência, de repente se detêm diante dos acontecimentos cotidianos e não aceitam levar avante a tarefa com cabeça, coração e mãos do modo como ela deve ser realizada, quem *então* a fará?

Vós sois a luz do mundo

Um novo nascimento sempre surge das trevas, da dor e do caos. Cantamos: "Surge aurora após a noite! Vede, o sol se elevará!" Portanto, o homem consciente, o homem pensante, deve viver como na hora do nascimento; ele pertence ao país da aurora. Se não sois do país da aurora e não fostes, até o momento, capazes de viver o novo nascimento, deveis descer às trevas, à dor e ao caos. O sal insípido para nada mais serve senão para ser lançado fora e pisado pelos homens.

Podeis pensar ou dizer: "Entrarei nas fileiras quando a aurora chegar. Esperai e vereis. Quando o primeiro brado do novo nascimento vibrar no ar, juntar-me-ei ao coro, e meus gritos de júbilo ressoarão. Sim, é o que farei"!

Compreendei o segredo do novo nascimento, o significado profundo das coisas. É possível haver nascimento, sem criação, sem concepção? Sofreis do mesmo mal dos homens de todos os tempos. O homem religioso atual procura auxílio de fora: Deus deve ajudá-lo por meio de seu Filho. Ele não é denominado "a luz do mundo"?

Todavia, o Sermão da Montanha testifica enfaticamente:

> *Vós sois a luz do mundo. Não se pode esconder uma cidade situada sobre um monte; nem se acende uma candeia para colocá-la debaixo do alqueire, mas no velador, e assim ilumina a todos que estão na casa.*

Vós sois a luz do mundo, isto é, se fordes um pioneiro, se tiverdes o direito de manter-vos na Escola Espiritual, se estiverdes cientes de ser um cristão. Vós sois a luz do mundo! A luz necessita esperar pela manhã? Ela deve brilhar até a alvorada. A cidade no monte deve revelar sua presença ao mundo. Através da luz do mundo, "e esta sois vós", vossa boa vontade espiritual deve irradiar pelas trevas, pela dor e pela morte, por longas distâncias. *Essa* é a concepção do novo nascimento. A luz brilha na noite! Agora deveis provar quem sois: um pobretão espiritual, um parasita, um exibicionista espiritual, ou um ser humano renascido em Deus, uma luz do mundo. Para isso sois chamados, não no futuro, mas no presente; não agora, mas já há muitos anos.

Por isso, o Sermão da Montanha continua:

> *Assim resplandeça a vossa luz diante dos homens, para que vejam vossas boas obras, e glorifiquem a vosso Pai, que está nos céus.*

Compreendeis essas palavras? Se elas se concretizassem, cessariam as discussões sobre a existência de Deus ou sobre qual igreja, dogma ou orientação seriam verdadeiros. Então, todas essas discussões mesquinhas cessariam, e as pessoas zombariam dos disparates teológicos cheios de erudição de hoje. Vossa radiação-luz daria provas de Deus! E o homem vivenciaria Deus manifestado na carne.

Milhares de horas de preces foram conduzidas através dos anos. A hierarquia divina tem sido assediada pelo retumbar de orações. Sentis o humor trágico por trás de todas essas súplicas intensas pela luz, pelo óleo para as lâmpadas?

> *Assim resplandeça a vossa luz diante dos homens, para que vejam vossas boas obras, e glorifiquem a vosso Pai, que está nos céus.*

Essa linguagem é clara, dinâmica, direta e não admite subterfúgios. Assim resplandeça a vossa luz! Quando e onde? No mundo das trevas para o homem que necessita de luz. Dai testemunho da existência de Deus por ações num mundo onde existe a necessidade de construção, onde vossas ações espontâneas são urgentes.

Podeis fazer vossa luz resplandecer? Ou a vós também se aplicam as palavras do poeta De Génestet: "Homem, sê alguém. Mas ele não podia, pois não era ninguém"? Sim, vós podeis! Não esperamos a paz, não esperamos a nova manhã, nós as criamos. Nossa luz resplandece nas trevas, embora o tempo que passa não nos deixe indiferentes, pois vivemos na natureza. Embora os ossos chocalhem e o coração se torne mais lento e cansado, erguemos a cabeça e olhamo-nos sorrindo, pois vemos a luz que vibra tão irresistivelmente dentro de nós sobre o mundo e a humanidade, e *criamos* a manhã. Proferimos estas radiantes e ígneas palavras: "Novo sol, desponta!"

E o novo sol desponta; ele ascende no firmamento. Nós nos unimos de modo que, mediante nossas obras e nosso empenho radiante, os homens glorifiquem ao Pai que está nos céus.

2

A essência da lei

Não penseis que vim revogar a Lei ou os Profetas. Não vim para revogá-los, mas dar-lhes pleno cumprimento, porque em verdade vos digo que, até que passem o céu e a terra não será omitido nem um só "i", uma só vírgula da Lei, sem que tudo seja realizado.

(Mateus 5:17–18)

Distinguem-se dois tipos entre os que se aproximam da Escola Espiritual da Hierarquia* de Cristo. Não nos referimos aqui aos tipos Caim e Abel, os aspectos fogo e água da corrente de vida humana, mas aos tipos forma e conteúdo. Ambos os tipos detêm-se no Átrio da Escola Espiritual e devem aprender lições profundas e difíceis antes de poderem receber a coroa da vitória.

O tipo forma

O tipo forma concentra-se, em especial, na figura e nos aspectos do novo homem. Conscienciosamente ele se aplica, em sentido esotérico, à construção das características de sua vida e zela para que elas se conformem às exigências elementares que são atribuídas ao novo homem. Ele constrói o edifício exterior para a gênese do novo homem e compreende, por completo, todos os pormenores. Seus princípios são elevados, e sua atenção não se desvia por nenhum momento sequer. Para ele, são válidas as conhecidas palavras: "Tudo isso tenho guardado desde a minha juventude. O que ainda me falta"? Sim, do que ainda necessita essa construção? Esse homem é um exemplo vivo das condições básicas da ciência espiritual. Seu corpo, seu comportamento, sua casa e seu entorno resistem a qualquer crítica.

Pouco a pouco, cresce uma grande autoconfiança em seu ser. Em que se poderia criticá-lo? Não seguiu ele todas as regras apresentadas pela Escola Espiritual, desde o primeiro instante em que adentrou o Átrio? Ele olha com pouco caso seus companheiros no Átrio, com ares de quem "já chegou", e com benevolência diz: "Esforçai-vos ao máximo, e sereis como eu. Como exemplo impecável, aqui estou eu em meu assento fixo".

No entanto, transparece algo de errado nesse homem perfeito, cumpridor de seus deveres. Algo não está certo! Nos momentos em que todas as atividades são desenvolvidas, e a luz deve brilhar através da janela da alma, nesses momentos em que consolação e bênção são dispensadas ao mundo, e os pioneiros devem ser reunidos para uma obra de Gideão, a casa construída com tanta perfeição mostra-se desabitada. A construção limitou-se à forma e não apresenta, porém, nenhum conteúdo.

Esse homem esqueceu-se de que forma e conteúdo devem seguir lado a lado, mantendo o mesmo passo e um perfeito equilíbrio. Se purificamos o corpo, o coração também deve ser purificado. Se evitamos bebidas alcoólicas porque elas são prejudiciais a nosso templo, então devemos cuidar para que nenhuma autonarcose venha substituí-las. Se rejeitamos o sangue e a carne animal, então da mesma forma devemos eliminar a animalidade de nossa alma.

Devemos estar cientes de que esse trabalho de purificação e de cuidado com o templo exterior nos é exigido a fim de que Cristo em nós possa triunfar e a "luz do mundo" possa irradiar desse templo, pois foi-nos dito: "Vós sois a luz do mundo". Devemos compreender a necessidade de eliminar, de forma inteligente, todos os obstáculos externos para que a razão fundamental interna possa triunfar.

Contudo, se insistimos em ver a forma como elemento principal e esquecemos o conteúdo, desperdiçamos nossa energia. A lâmpada de nosso espírito mostra-se então, num momento psicológico, incapaz de resplandecer na noite mundial. E daí resulta naturalmente a aflição do eu desiludido, a autocompaixão do homem que vive na ilusão.

Atentai, porém, para o fato de que esse desmascaramento e esse desmoronamento não se revelam apenas ao ouvir-se o chamado: "Assim resplandeça vossa luz cada vez mais clara a vosso redor"! Em geral isso não ocorre! Num mundo como o nosso, uma casa desocupada está muito mais exposta a roubo e a outros males do que uma ocupada. Geralmente, a ilusão é reduzida a um monte de cacos quando ocorre algum incidente na vida ou após uma grave aflição. Nessa hora, o candidato dá as costas para o Átrio da Escola, e com tristeza vê mais uma ilusão desfeita!

Todos vós conheceis esse ser humano. Se a ilusão do seu eu é desfeita e a forma comprova a falta de conteúdo, ele geralmente procura e encontra rapidamente um bode expiatório. Haveria bode expiatório mais conveniente — e isso é quase natural em vista de tal acontecimento — do que a Escola Espiritual, que com suas exigências fundamentais o leva qual um cordeiro ao matadouro? "Tudo isso tenho guardado desde a minha juventude, e muito! Como é possível que me aconteça isso? Algo está errado."

De fato, o que existe, na realidade, é uma diferença de interpretações. Seja como for, a Fraternidade* da Vida e seus obreiros inabaláveis são incriminados. O eu desiludido procura vítimas fora de si mesmo. Não importa o que entra no primeiro plano *dessa* reação, nem quais as pessoas escolhidas como vítimas; é ponto pacífico que a Fraternidade da Vida, com suas exigências e leis, será considerada culpada. O ser humano tipo forma, que despedaçou a si mesmo, escolherá doravante uma forma que corresponda melhor a seu verdadeiro conteúdo.

Infelizmente, porém, ele ainda não aprendeu uma lição profunda. A lei espiritual de Jesus Cristo, com a qual ele tinha entrado em contato, foi destronada. Talvez tenha sido oportuna no passado, porém os tempos modernos encerram outras condições. De agora em diante, essa pessoa quer, como ela mesma diz, "fincar ambos os pés na realidade". A tolice e a exaltação da Escola Espiritual já ficaram, para ela, totalmente para trás. Ela despede-se de nós, e nós, por enquanto, dela.

O TIPO CONTEÚDO

Prossigamos agora com o segundo tipo: o tipo conteúdo. É o ser que nega o lado formal das coisas, o ser que realmente considera a forma como algo banal e aquém de sua dignidade. Ele concentra-se totalmente nos valores da cabeça, do coração e da ação. É o homem para quem a revelação mística é muito superior à formação esotérica. Esse ser irradia calor intenso e amor. Isso não é magnífico? O amor não é a coisa suprema? Esse ser mostra uma compreensão mística e não se coloca acima da autoilusão da forma, porém está pronto para a ação. Com toda a presteza e com o coração comovido, pega o arado e trabalha desde a manhã até a noite.

Se o Senhor dissesse a seus iniciados: "Apascenta as minhas ovelhas", ele responderia: "Sim, naturalmente", e empreenderia o trabalho. Sim, antes mesmo de isso ser-lhe dito, já estaria fervorosamente ocupado.

Ele dá provas de ser um homem dotado, capaz de compreender, reconhecer e reter totalmente a vibração de Cristo em seu ser. Sim, ele sabe e talvez professe ter sido concebido e nascido em pecado. É consciente de sua culpa, porém parte da mistificação de que tudo que foi dito aos verdadeiros alunos e iniciados nos testamentos místicos e velados se dirige a ele.

Assim, o tipo conteúdo também se enreda em sua ilusão. A plenitude da revelação de Cristo toca-o, e ele experimenta-a e reage. Todavia, seu grande erro é pensar que pode reter e assimilar tudo. Ele na realidade não se vê. Não percebe sua realidade mutilada, seu estado deteriorado, não consegue entender que se acha envolto em trapos. Ele é o oposto do tipo forma. Ele esquece e não aceita o fato de que um conteúdo puro apenas pode ser retido e assimilado numa forma pura. Ele esquece-se de que toda verdadeira regeneração deve revelar, com igualdade, forma e conteúdo. Ele tenta ser discípulo de Cristo com seu pensamento danificado, sua vida natural de sentimentos distorcidos, sua herança sanguínea impura e sua estrutura celular carregada de glúten.[2]

É totalmente compreensível o desenvolvimento aqui de uma crise e de um atrito com a Escola Espiritual e sua lei. O tipo forma pensa, em seu momento de crise, que a lei da Escola Espiritual não reflete os verdadeiros requisitos da vida, pois ele guardou essa lei desde a juventude sem obter nenhum resultado. O tipo conteúdo vê a lei como um empecilho a seu livre desenvolvimento diante de Deus, o Senhor. Para ele, a Escola interpõe-se entre ele e seu objetivo. Ele experimenta o contato com o espiritual, e se o toque enfraquece e lhe escapa, como água pela peneira, ele culpa os obreiros inabaláveis da Escola Espiritual, os quais, segundo ele,

[2]Essa palavra, utilizada por Karl von Eckartshausen na quinta carta de seu livro *A nuvem sobre o santuário,* tem sua origem etimológica na palavra latina *gluten,* cola; é o nome que ele dá para uma matéria viscosa oculta no sangue, a matéria do pecado.

cometeram um grande erro em seu caso. Aqui também chega o momento da despedida. O tipo conteúdo entra no que ele denomina "liberdade".

Esperamos que reconheçais agora ambos os tipos e, acima de tudo, compreendais por que eles encalham no Átrio da Escola de Mistérios; por que aqui é inevitável uma crise, um choque; e o que devemos pensar de todas as acusações contra as indicações dos obreiros.

A essência da lei

Se observarmos os seres humanos que não fazem parte da Escola Espiritual, descobriremos que também existem os tipos forma e conteúdo espalhados pelo mundo. Notaremos então que os homens pesquisaram e desenvolveram no mundo o lado formal das coisas em todas as suas gradações e aspectos.

Pensai, por exemplo, em nosso nível cultural e em todos os homens que se ocuparam com o aspecto exterior das coisas. O comportamento formal, o vestuário, o procedimento em público e as boas maneiras foram estudados minuciosamente e forçados de todos os modos possíveis e impossíveis. Aqui também se manifesta o sonho de realeza: alcançar o alvo mediante uma escada escolhida, e de poder viver numa realidade.

Encontramos também no mundo homens que vivem na ilusão da bondade. Eles geram palavras, sentimentos e pensamentos fraternos e não deixam faltar a superabundância das respectivas ações. Eles são cheios de movimento e atividade. Vivem de um conteúdo verdadeiro, de uma força vivente, que neles agita e ferve. Mesmo assim, ambos os grupos também chegam a um impasse no mundo. Eles são conduzidos rumo a uma crise segundo a lei. Já não há Escola Espiritual nem obreiro a quem culpar. É a dialética,* a realidade esfacelada, contra a qual os homens se chocam e na qual as coisas se transformam em seu oposto. Prevemos para vós, se vos encontrardes no Átrio da Escola Espiritual, uma crise, um confronto, entre os guardiães dos mistérios e vós. E, se estais no mundo, seja como tipo forma, seja como tipo conteúdo, prevemos igualmente uma crise e um confronto com o mundo, uma amarga desilusão.

Contudo, somente por meio do confronto com a Escola Espiritual podereis, possivelmente, despertar como renascidos. Um confronto com o mundo pode arrastar-vos apenas para dentro de um círculo vicioso. Da vossa crise com a Escola poderá resultar vosso renascimento. E apenas podereis prevenir-vos de vossa crise, caso ela ainda não se tenha manifestado, se compreenderdes a palavra proferida no monte:

> *Não penseis que vim revogar a Lei ou os Profetas. Não vim para revogá-los, mas dar-lhes pleno cumprimento, porque em verdade vos digo que, até que passem o céu e a terra não será omitido nem um só "i", uma só vírgula da Lei, sem que tudo seja realizado.*

Pensai nesta situação: de um lado está a Escola Espiritual como hierofante* da lei divina. Ela transmuta a lei divina em vibração e tensão possíveis de serem suportadas pelo homem, para que ele possa cumpri-la. De outro lado, estão os tipos forma e conteúdo que, embora opostos, se dão as mãos, ao rejeitar a Escola Espiritual e sua lei.

De onde surge esse confronto? Do imo do ser. Os dois aspectos da lei não podem ser compreendidos e retidos, pois o homem tende a responder somente a *um* dos aspectos, de acordo com o seu tipo: forma *ou* conteúdo. Forma sem conteúdo não é nada. E conteúdo, um valor que não pode adquirir uma forma definida, nem manifestar-se em determinada estrutura de linhas de força, não possui valor eterno. Por essa razão, a lei não é apenas forma, porém, acima de tudo, é também conteúdo; não somente conteúdo, porém, acima de tudo, é também manifestação da forma. O homem manifestado é uma forma, uma estrutura, tanto segundo o espírito e a alma como segundo o corpo. Esse homem diverge do plano divino. Sua estrutura não se coaduna com o plano divino. Esse homem esqueceu-se dos valores divinos e perdeu as forças divinas com as quais foi originalmente dotado. Ele é um ser vazio, sem conteúdo.

Se deseja compreender e viver dos valores que ele provavelmente, em seu subconsciente, supõe existir, então a estrutura, a forma, deve voltar a seu estado original. Deus reside em um templo; os valores divinos somente podem manifestar-se no grande templo humano.

Se esse templo está em fase de construção, os valores divinos desenvolvem-se conforme o andamento dessa obra. O Espírito* Santo e seu templo devem estar em equilíbrio mútuo. Ninguém pode esperar receber o Espírito Santo sem ter colocado seu templo em condição de recebê-lo.

As forças do Espírito de Deus são tão grandes, dinâmicas e poderosas que inflamam e penetram todo o reino natural, seja qual for o estado em que se encontre. O Espírito de Deus penetra cada átomo da substância original. Por isso, é natural que o tipo conteúdo, de natureza tão sensível, sinta a influência do Espírito divino em forma de impulso espiritual.

Todavia, seria grande mistificação julgar essa influência como prova de regeneração. Trata-se de uma ação cega que segue leis naturais. É lógico também que o tipo forma, agindo sob a mesma influência, cultive seu aspecto exterior. Contudo, aqui também não existe nenhum aspecto regenerativo. É uma reação cega a um impulso espiritual natural.

A chave de todos os valores e faculdades divinos, assim como do motivo para a construção do verdadeiro templo, acha-se oculta na noção amor, amor a Deus e amor ao próximo.

Esse amor apenas pode entrar na vida por meio da total autoabnegação. Eis por que é tão necessária a todo candidato à Escola Espiritual uma mudança fundamental, a demolição do eu, a negação da autoilusão. A lei divina protege a si mesma. A lei não representa obstáculo a quem constrói e compreende, com amor verdadeiro, simultaneamente a forma e o conteúdo.

À medida que o construtor do templo progride, de martelada em martelada, o Espírito Santo concretiza-se nele como um valor eterno.

A lei auxilia o aluno, orientando-o na construção do templo. Assim, ele torna-se digno de pronunciar o *Veni Creator Spiritus*. E a todos que, com dissensão e incompreensão, desejam alcançar seu objetivo com egoísmo desenfreado e, assim, entram em conflito com a lei, aplicam-se estas palavras:

> *Não penseis que vim revogar a Lei ou os Profetas. Não vim para revogá-los, mas dar-lhes pleno cumprimento.*

Em Cristo, nosso Senhor, a lei impõe-se cada vez mais sobre nós. Em Jesus, o Senhor, o sangue é atacado, e as palavras ressoam: "Eis que estou à porta, e bato".[3]

Mas esse amor divino não faz concessões. Não seremos isentados de um "i" ou de um til. É tudo ou nada. Por isso, é lógico que quem desobedece a um dos menores mandamentos e assim ensina os homens a proceder será o menor no reino* dos céus. Ao mesmo tempo, fica claro que cada um que cumpre e ensina a lei será chamado grande no reino dos céus.

Se tendes ouvidos para ouvir e olhos para ver, compreendei, então, o que o espírito da lei tem a dizer-vos. Até o futuro distante, ninguém pode considerar-se isento da lei antes de cumpri-la como ela *deve* ser cumprida. A humanidade deve ser tocada

[3]Mateus 5:17.

na carne e no sangue, *até que* essas coisas sejam reconhecidas e realizadas "i" por "i" e til por til.

Vede o símbolo de Libra, o símbolo da justiça divina. A balança deve estar em equilíbrio para que o cordeiro de Deus possa fazer sua morada em nós.

3

Não vos preocupeis

Não vos preocupeis com a vossa vida, pelo que haveis de comer e beber; nem por vossos corpos, pelo que haveis de vestir. Não é a vida mais do que o alimento e o corpo mais do que a roupa? Quem dentre vós, com as suas preocupações, pode acrescentar um só côvado à duração de sua vida? Por isso, não andeis preocupados, dizendo: Que comeremos? Que beberemos? Ou, que iremos vestir? De fato, são os gentios que estão à procura de tudo isso. Vosso Pai celeste sabe que tendes necessidade de tudo isso. Buscai, em primeiro lugar, o reino de Deus e sua justiça, e todas essas coisas vos serão acrescentadas. Não vos preocupeis, portanto, com o dia de amanhã, pois o dia de amanhã se preocupará consigo mesmo. A cada dia basta o seu mal.

(Mateus 6:25,27,31,33)

Se lerdes as palavras acima pertencentes ao Sermão da Montanha, ficará evidente que elas não eram dirigidas ao homem do povo, mas a um grupo seleto de alunos da Escola de Mistérios de Cristo.

O homem da natureza, o homem pertencente ao rebanho nascido e alimentado dessa dura leiva, conhece a luta pela vida, a luta pela existência. Ele conhece o significado de: "Comerás teu pão com o suor de teu rosto!" E, porque essa sentença se faz presente em seu sangue como medo primordial, ele procura possuir. Ele deseja ganhar o máximo em pão pelo mínimo em suor. Dessa forma, tem início cada luta social, cada guerra, cada anarquia econômica, cada coação, todo o terror e embriaguez das massas.

Esse medo primordial é o alicerce de toda educação e de toda ciência dialética acumulada até hoje. Trata-se de vida, alimentação e vestuário. Esse é o triângulo da existência terrena. Quem negaria isso? O homem terreno é como um animal que tira alimento de outro da própria raça por conta do instinto de autoconservação. É o instinto natural proveniente de um passado remoto. Somos "cavalheiros" e "damas" enquanto o instinto natural não é ameaçado. Somos religiosos, humanos e civilizados contanto que nossa vida não esteja ameaçada e não nos faltem comida e roupa.

As palavras: *Não vos preocupeis com a vossa vida, pelo que haveis de comer e beber; nem por vossos corpos, pelo que haveis de vestir,* certamente não são dirigidas ao homem que vive nas tensões e no desassossego do mundo atual. Essas palavras não zombam de nossa realidade? Considerai, por exemplo, os anos de fome durante a Segunda Grande Guerra e posteriormente a grande aflição de vida em todas as esferas daquele tempo. Não era nossa obrigação proteger nossos filhos e procurar suprir-lhes todas as necessidades vitais? Com o suor de nosso rosto nem sequer pão conseguíamos obter — simplesmente não havia.

Até certo ponto, o único mandamento com o qual concordávamos era: *Não vos preocupeis, portanto, com o dia de amanhã.* De fato, a terrível miséria de cada dia era tão grande e o esforço que nossa atenção exigia tão drástico que não tínhamos tempo sequer para pensar no amanhã. Os infortúnios do cotidiano exigiam toda a nossa atenção. Não era de esperar-se, então, que muitos compreendessem essas palavras do Sermão da Montanha como otimismo religioso barato, apropriadas para a monotonia dos dias de paz e prosperidade, ou ainda, valiosas para um teólogo desejoso de acalmar um membro rebelde da comunidade, revoltado com sua condição de empregado explorado pelo patrão?

Nós, contudo, que vemos o Sermão da Montanha com outros olhos, sabemos que ele não se dirige ao homem do povo, porém a um grupo seleto de alunos.

Não cabe a nós julgar se essas palavras são dirigidas pessoalmente a vós, nem determinar se para vós seria bom refletir sobre isso. É possível que fiqueis bastante desapontados se acreditais nessas palavras. Muitos dos que acreditaram voltaram rápido, em dado momento, para a luta pela existência. E os mais sensatos que assim agem na verdade quase sempre têm razão.

Essas palavras do Sermão da Montanha não se prestam a experimentos. Portanto, não vos deixeis ser levados por exaltações vergonhosas, pois aqui se trata de coisas muito grandes e sagradas. O cristianismo superficial de nosso tempo tem desfechado tantos golpes no sagrado semblante de Cristo que não desejamos colaborar para tornar essa situação ainda pior.

Não deveis confiar nessas palavras!

Não deveis acreditar nelas!

Não podeis usá-las para experimentos!

Podeis apenas crescer em sua direção.

A discussão desse assunto apenas tem sentido para os que estão no processo de crescimento e necessitam de alguma orientação.

Buscai primeiro o reino

Poucas são as pessoas que não tiveram na vida alguma experiência admirável. Referimo-nos às ocasiões em que a necessidade era premente e a ajuda foi imediata. Poderíeis estar necessitados de algo em especial e... aquilo veio! Alguns veem nisso uma resposta a suas preces, outros atribuem o fato à pura sorte; seja qual for o motivo, o desejo foi satisfeito. Isso tem acontecido tanto que no decorrer dos séculos veio a ser expresso em forma de provérbio verdadeiro e de grande profundidade filosófica, um dos meios de preservar um antigo conhecimento para o povo: "Quando a necessidade é mais premente, mais próxima está a salvação!"

Trata-se aqui da ação de uma lei divina que prevalece em todas as regiões da matéria e do Espírito. É uma lei divina tão poderosa, tão sublime e dinâmica que ela se manifesta, tal como um relâmpago, até mesmo em um mundo de ateísmo e de negação a Deus. Essa lei ensina que para cada criatura do universo, gerada do ser divino, existe uma possibilidade completa de vida, compreendida em seu sentido mais amplo.

Tão logo uma entidade se torne consciente no cosmo, isto é, tão logo a centelha espiritual central nela se manifeste, e ela, com base nessa consciência,* atice a centelha para que esta se transforme em chama e, em colaboração com seus irmãos e irmãs, mantenha aceso o fogo do plano de amor de Deus e o conduza a seu objetivo, então tudo de que ela necessita para sua manutenção ou para a continuação de sua tarefa será inteiramente providenciado, não importa em que momento seja.

No plano de Deus, não há anarquia na produção. Tudo existe para todos! Essa é a lei, essa é a ordem! Quando o aluno se empenha em reconciliar-se com essa lei, com essa ordem, ele recupera a posse plena de sua herança. Ele torna-se imensamente rico. O Pai celeste conhece suas necessidades onde quer que ele esteja. Não se trata de uma lenda edificante. Vossa presença no cosmo tem como consequência vosso amparo. Portanto, preocupar-vos com isso ou com aquilo é extrema falta de inteligência.

O fato de que tudo na natureza terrestre é compelido à inquietação e à preocupação deve fazer o aluno compreender que ele perdeu o rumo. Agora, ele deve esforçar-se para reencontrar a vida de acordo com a lei original. Por isso, uma das condições prévias da senda é encontrar a resposta correta às questões: "Para onde devo dirigir meu esforço espiritual? Como orientar minha busca? Devo irromper através da matéria nesse estado verdadeiro? Ou devo aprender a vencê-la com o espírito? Como poderei tomar posse de minha herança?"

O Sermão da Montanha é muito claro aqui:

> *Buscai, em primeiro lugar o reino de Deus e sua justiça,*
> *e todas essas coisas vos serão acrescentadas.*

Todas as outras coisas já não são problemas. Elas, embora necessárias, são o alvo do homem voltado para as coisas terrenas. "Devo então abandonar meus interesses materiais? Não devo educar meus filhos para que eles possam manter-se nesta sociedade? Devo deixar a água divina rolar nos campos de Deus?"

Se vos colocais diante dessas questões, isso prova que vos "preocupais". O problema é grande demais para vós, falta-vos coragem. Alguém que já experimentou algo do verdadeiro reino e sua justiça já não tem nenhuma questão a colocar sobre essas coisas. A busca e os esforços do homem voltado para a natureza perderam para ele todo o colorido. Ele é absorvido pela nova vida e, a partir desse instante, recebe sua herança, cuja existência anteriormente apenas pressentia.

Não se trata aqui de "atear fogo aos navios", lançar-se em meio a incertezas. É mais uma questão de trocar um barco a remos por um transatlântico. Também não se pode falar aqui de parasitismo do trabalho, do tempo e do dinheiro de outros.

Receber e abandonar

"Então é assim: se eu adotar a verdadeira vida – o reino de Deus e sua justiça – haverá pessoas caridosas que me darão o que têm em excesso, ou haverá um parente que me garantirá de uma maneira ou de outra um apoio material? Em outras palavras: os pagãos que estão bem de vida me assegurarão segundo a natureza e me conduzirão irrepreensivelmente para o novo reino?"

Sentis que não *pode* ser assim? Os bens materiais nunca podem ajudar-nos a entrar na nova vida. E, se entrardes na nova vida, então não haverá homens convocados ou condenados a servir-vos de capacho.

Quando um verdadeiro trabalho espiritual é levado avante neste mundo em prol de todos os que de modo convulsivo se agarram à terra, então esse trabalho poderá ter início sem necessidade de um centavo. Não será necessária uma base monetária, e mesmo assim não faltará nada. O que se necessita flui de todos os lados, nem em profusão nem em escassez. Esse trabalho baseia-se igualmente nas atividades dessa mesma lei, porém ela somente se revela quando tudo o que é recebido é transmutado e devolvido num trabalho incondicional em prol de todos e de muito mais.

Contudo, não é a isso que o Sermão da Montanha se refere. Se desejais compreender isso, deveis desvencilhar-vos de tudo o que pertence à matéria e seus raciocínios tortuosos. Quando Cristo fala as palavras citadas, ele dirige-se aos alunos no monte. Eles são iniciados! Pensais que esses homens se preocupavam, no sentido burguês, com sua vida, com sua alimentação, com o que tinham para beber e vestir? Isso seria realmente ridículo!

O aluno da Escola Espiritual que incansavelmente trilha o caminho possui outro desejo, aspira à verdadeira vida, à verdadeira alimentação e bebida espiritual, e a ser "revestido" pelo corpo celeste, como Paulo disse. *Essa* é sua preocupação, *esse* é seu pensamento constante em determinada fase de seu estado.

E essa preocupação é errônea; ela é fatal. Ela faz adoecer, ela é dialética, terrena. Nenhum aluno na senda pode acrescentar um côvado à duração de sua vida, preocupando-se com seu estado espiritual. Vós tendes, como alunos, que procurar somente uma coisa:

o reino de Deus e sua justiça. Essa procura não é nenhuma nova forma de exploração ou de ser explorado, mas significa estabelecer, fundar, construir, edificar.

Realizai o trabalho!

Se sois alunos, se sois chamados como alunos, servi então ao verdadeiro reino e sua justiça, de acordo com vosso estado de ser. Lançai-vos com todo o vosso ser nesse serviço.

Não penseis em vossa gênese espiritual particular com todas as suas necessidades.

Essas necessidades não existem? Claro que sim, porém não penseis nelas. Não vos detenhais nelas. *Trabalhai* mesmo que sintais profundamente vossa insuficiência. Trabalhai, apesar da dor ardente da imperfeição, pois estais na montanha, na luz de Deus. Realizai o trabalho! Todo o resto virá e vos será dado.

Quando? Onde? Como? Isso é secundário. Como alunos da Escola Espiritual, conheceis a senda da libertação. Esse conhecimento não vos é dado para aumentar vossa preocupação e inquietação. Recebeis esse conhecimento como uma graça, a fim de reconhecerdes o Filho do Homem quando ele vier. Portanto, vivenciai as palavras de Cristo: "Minha graça vos basta!"

Com essa força da graça, permanecemos no hoje com toda a sua miséria, dor e profunda escuridão. Neste hoje, tendes de realizar vosso trabalho como filhos de Deus. E é neste hoje que existem as tensões a que resistis. Desfazei no hoje essas tensões em virtude de vossa vocação e da graça que vos é concedida. Colocai-vos diante de vossa tarefa e agi! Não discutais nem especuleis sobre o amanhã! Essa é a objetividade do Sermão da Montanha, a eficiência de Jesus Cristo.

Muitos podem não entender essa eficiência. Embora tenham sido chamados à montanha, continuam a preocupar-se com a iniciação e a nova alimentação espiritual que são necessárias para "seu" desenvolvimento. Atirai vosso eu para fora do barco. Desvencilhai-vos de vossa autoconservação. Sacrificai-vos no altar do serviço, não amanhã, mas hoje. E, para poder-se fazer isso, é necessário amor, amar ao próximo e possuir um coração que queira realizar o sacrifício de sangue.

Os alunos que são advertidos na montanha são pecadores em uma oitava superior. Há homens que se preocupam com a vida superior, e outros com a vida inferior. Nenhuma das duas preocupações é libertadora. Somente os que desejam perder a vida por amor a Jesus a encontrarão. Compreendei bem a realidade do Sermão da Montanha. Hoje! E construí com vossos irmãos e irmãs os alicerces do reino divino e de sua justiça. Sede um francomaçom!

A todos os que sobem a montanha do Espírito é dito: "Perdei vossa vontade pessoal, não vos preocupeis com o desenvolvimento de vossa vida, com as forças e os valores espirituais de que podereis precisar no caminho, pois trata-se da vida mesma, da vida da renovação. Expulsai de vosso ser todo esse egoísmo e medo refinados. Buscai o reino de Deus e sua justiça. Cumpri a lei do amor, a exemplo de Cristo, e o restante virá por si mesmo, pois é o cumprimento de uma lei evidente".

4

Não cometerás adultério

Ouvistes que foi dito: "Não cometerás adultério". Eu, porém, vos digo: qualquer que atentar numa mulher para a cobiçar já em seu coração cometeu adultério com ela.
(Mateus 5:27–28)

O homem místico e esotérico que vê no Sermão da Montanha uma conversa entre Cristo e os discípulos na senda deve certamente considerar o trecho aqui citado, ao lê-lo superficialmente, desencantador e banal. Porque se presume que o homem esforçado e enobrecido para elevar-se na luz da montanha sagrada deve pelo menos já estar livre do pecado do adultério.

Então o Sermão da Montanha não se dirige a uma audiência exclusiva, mas ao povo em geral? Ou teria alguém, no passado, por alguma razão, introduzido essas palavras no Sermão da Montanha, criando assim um acorde estranho nesse cântico realista da verdadeira vida?

Seria bom submetermos essas palavras a um exame cuidadoso. Primeiro, é necessário abandonar a falsa ideia de que esse alerta se destina exclusivamente aos seres humanos masculinos que trilham a senda. Não temos dúvida de que Cristo se dirige igualmente a homens *e* mulheres. Um desejo impuro ou ilícito não constitui certamente característica única dos homens. Não vemos nenhuma diferença entre *cobiçar* e deixar-se *ser cobiçado* de forma consciente, intencional. Especular sobre os desejos de outra pessoa é mais condenável do que ceder ao próprio desejo. Aqui, deve ficar claro que não nos dirigimos *ao homem* ou *à mulher*, mas *ao ser humano* em sua dupla manifestação.

Essas palavras colocam o homem e a mulher frente a frente. Elas compelem homens e mulheres, e portanto também os alunos de uma escola espiritual, a aprender a investigar diversos mistérios obscuros de sua existência.

O aluno deve descobrir o pensamento divino que serve de base à dualidade humana. Se desvendar esses mistérios e experimentar como sabedoria algo do pensamento divino, ele será capaz de achar e trilhar os caminhos para o verdadeiro drama da vida. Um drama da vida que, neste mundo, degenerou em *adultério*.[4]

Podeis considerar essa advertência aos alunos na montanha sagrada de duas formas. *Ouvistes que foi dito: "Não cometerás adultério"*.

O adultério apenas era punido pela religião e pela lei quando se tratava claramente de "adultério segundo a natureza".

Tudo o que diz respeito a essas regras é de domínio público. Ouvistes que isso foi dito aos antigos — aos que pertencem à natureza.

No entanto, deveis compreender que as regras relativamente simples e claras que estabelecem as relações entre os sexos para o homem na qualidade de animal gregário são totalmente insatisfatórias para vós, alunos da Escola Espiritual, que aspirais a uma nova senda espiritual e sois vistos como pertencentes aos jovens, aos novos que devem ser conduzidos a um conhecimento mais elevado e mais profundo e a outra realidade de vida por meio de Cristo.

[4]No original holandês o autor faz um jogo entre as palavras *levensspel*, drama da vida, e *overspel*, adultério (N.T.).

Há uma cooperação entre ambos os sexos orientada *segundo* a natureza e *da* natureza. Essa cooperação é regulada por normas religiosas, humanitárias e legais.

Contudo, há também uma cooperação num plano superior entre os dois aspectos da onda de vida humana. Essa cooperação cria uma relação que é regulada segundo as normas de uma lei elevada. É dessa lei que nos fala o Sermão da Montanha!

Se cumpris as conhecidas normas humanas e religiosas de forma rigorosa e exemplar, ainda assim isso não significa que satisfazeis as regras do Sermão da Montanha.

De maneira alguma essas palavras do Sermão da Montanha são dirigidas ao homem sensual. Sabeis que o homem da natureza é protegido de exteriorizações agressivas desse tipo. O Estado preocupa-se com isso, promulga leis e elimina conflitos. A religião exotérica também opina sobre isso e estabelece suas normas.

Todavia, para o homem espiritual as coisas são diferentes. Ele eleva-se a uma natureza superior e coloca-se diante de outra lei, de outro conjunto de valores moral-racionais.* Embora isto ou aquilo tenha sido dito aos antigos, o aluno na senda deve elevar-se da fase do Velho Testamento e compreender de forma totalmente diferente do homem da natureza o significado de "cobiçar" e "adultério".

Uma parada urgente

Perguntamo-vos: estais plenamente satisfeitos com o outro com quem conviveis? E respondemo-vos: consciente ou inconscientemente, não estais! Conhecestes o outro em suas limitações, ou estais prestes a conhecê-lo, e ele a vós.

Então surge o desejo por alguém, *o* outro que vos fará esquecer essas limitações descobertas mediante idealização. Essa necessidade ou esse desejo será, na maioria dos casos, totalmente casto e puro. Ele pode manifestar-se no aluno de modo muito impessoal e ainda assim será um "adultério".

Aqui o Sermão da Montanha nos adverte com um urgente "alto lá"! *Qualquer que atentar numa mulher para a cobiçar já em seu coração cometeu adultério com ela.* Mais uma vez: não interpreteis essas palavras por uma ótica sensual, vulgar. Dirigimo-nos aos que se elevaram acima do rebanho.

Todo aluno na senda aspira às coisas elevadas, à luz, à libertação, à realização da vida. Ele não pode agir de outro modo, e isso provoca conflito em seu íntimo, conflito com "algo" ou com o "outro". Isso porque o "outro" ainda permanece no nível comum da natureza. O eu, a autoconservação e a lei natural impulsionam em outra direção.

Por meio desse conflito, ocorre uma reação. Ou uma reação grosseira, segundo a natureza, ou refinada, segundo o espírito. Mas é uma reação, porque vossa realidade de vida está em apuros. A reação desperta o desejo do restabelecimento do equilíbrio perturbado. Esse desejo quer satisfazer as necessidades, quer alimento para matar a fome.

E então o homem parte à procura de "outra coisa" ou do "outro". Sua cobiça vai naturalmente em direção a "qualquer outra coisa" ou ao "outro". Assim, ele comete adultério em seu coração, a fonte dos desejos.

Há vários alunos na senda que se enganam nessas coisas. Desejamos que todos estejam cientes de ser adúlteros, culpados de todas essas coisas, mesmo quando celibatários. Somente então essas palavras se elevam acima do seu significado burguês. Elas são dirigidas aos alunos que estão na montanha sagrada, sentados aos pés do Mestre.

Desde o início dos tempos, em virtude de a onda de vida humana manifestar-se em dois aspectos, dois sexos, e ambos os grupos serem chamados a cooperar em nome de Deus, homem e mulher foram colocados frente a frente. Permaneceis neste mundo com o outro ou, dizemo-lo intencionalmente, com *algo.* Todavia, alguns não estão cônscios do outro em sua vida ou o ignoram, devido à dor terrível de milhares de anos. Assim, o homem encontra-se diante da mulher ou do feminino. E a mulher, diante do homem ou do masculino.

Se vós, seja qual for o motivo, rejeitais o homem ou a mulher como companheiro na vida, por estar ou não enobrecido para isso, tendereis ao feminino ou ao masculino, às ambições, às profissões, ao comportamento ou à estrutura do ser feminino ou masculino.

Isso pode ser verificado claramente em qualquer pessoa, principalmente nas que o negam com veemência. Sois casados no sentido mais profundo, tendes um companheiro de vida ou procurais um. Ou sois casados, ou estais ligados a algo com uma polarização inversa. O ser primordial revela-se, não importa como.

Assim, confrontamo-vos com a realidade. Essa realidade não vos satisfará se fordes alunos que trilham a senda, se estais sentados aos pés do Mestre na montanha sagrada. Ela não pode satisfazer-vos porque procurais uma realidade mais completa, mais perfeita, mais ampla e elevada. Por conseguinte, cometeis adultério espiritual, moral, ético e material.

Foi dito aos antigos: *Não cometerás adultério.* Não quereis fazê-lo e sentis que não o podeis, pois isso não traria nenhuma solução para os vários problemas de vossa vida. Também não o desejais, pois estais familiarizados com o conceito de santificação da vida.

Seguis normas de vida elevadas, puras e nobres. Permaneceis diante de outro ou de algo. Estais ligados e entretecidos com ele — e isso é adultério!

Existe em vosso ser um desejo de integridade que abrange o mundo todo, e, devido à necessidade do átomo original divino que vibra em vós, desejais o outro perfeito ou algo perfeito; não faz diferença. O ser ou o não ser, não faz diferença. Isso é adultério!

Nós dizemos: quem, devido a seu estado de ser, atenta numa mulher e a cobiça, ou atenta num homem e o cobiça, atenta no masculino ou no feminino e o cobiça, já cometeu adultério em seu coração. Podeis dar qualquer nome a esse impulso para o elevado, podeis, de maneira enérgica e passional, negar o núcleo essencial mais profundo do gênero humano; a Escola Espiritual está acima disso.

Cristo sobre a montanha, face a face com os discípulos, dirige-se a vós e a nós: entre os antigos e os novos – entre os jovens de outrora e os de agora – não existe uma diferença fundamental, há no máximo uma diferença prática.

O CONFLITO

Como escapamos então do adultério descrito? Ele não é inevitável ao aluno que se esforça pelo bem supremo, que se volta para a luz e, com isso, entra em conflito com o mundo? Ele deseja então esse tipo de adultério?

Já não desejareis isso se refletirdes sobre o conhecimento que recebestes em nome de Deus.

Vosso estado de ser, o campo em que viveis, tanto em sentido restrito como amplo, é vossa verdade, vossa realidade plena. Todo o vosso estado de ser, tal qual ele é, bom ou mau, sintoniza-se com a situação real.

Vosso cônjuge e todos os outros à vossa volta com os quais estais ligados, seja qual for o parentesco sanguíneo, e as outras coisas ao vosso redor constituem o meio ambiente a que pertenceis ou onde fostes colocados pela providência divina. Assim acontece com todos e com o mundo. Este mundo, esta desordem negra e sombria é nossa. Nós a fizemos assim.

A diferença entre o homem do povo e o aluno na senda é que o último se torna consciente de seu estado de ser. Ele fixa-se em sua própria realidade e descobre como rola na lama. Ele vê a limitação e a dor terrível, o conflito e as limitações do outro ou de algo, a escassez. E então vem o conflito. Então, ele deseja sair de casa, de suas limitações, da lama. Ele quer escapar de seu estado de ser.

É uma graça tornar-se consciente do próprio estado de ser. Quem, todavia, deseja subtrair-se à força desse estado comete adultério.

No passado, também havia alunos na senda. Eles praticavam a divisão da personalidade. Eles fugiam da desordem, de seu estado de ser. E vedes isso sob outro ponto de vista. Fugis de uma coisa para outra, e desta para aquela. Adultério! Não aceitais o drama da vida. Desejais escapar, distanciar-vos disso mediante exercícios, meditações, preces, ou romper com isso por meio de ocultismo. Adultério!

Como resultado, sois novamente e sempre atraídos por vosso estado de ser. E a segunda coisa torna-se pior do que a primeira. Quando tiverdes trocado a primeira pela segunda, não tereis progredido um milímetro sequer. Devemos então aceitar o drama da vida apresentado a cada momento? Sim, devemos, amigos!

Mas esta vida não é cheia de amargura? Não é esse drama da vida cheio de dissonâncias? Ele não é em grande parte condenável quando o colocamos na luz divina? Sim, ele é, amigos!

Se reconhecemos o caminho e a vida, não se deve segui-lo? Sim, devemos, amigos!

No entanto, a senda não exige de vós o que desejais. Desejais sair, libertar-vos. Desejais empregar a força — pertenceis ainda totalmente às coisas da velha natureza. Desejais demolir sem construir. Sois Caim, o revolucionário que mata e destrói pelo fogo. O fato de estardes conscientes do novo não significa que já vos encontrais *no* novo, que pertenceis *ao* novo.

Voltai a vosso estado de ser. Colocai-vos diante do drama da vida, diante da realidade de vida de vosso estado particular. O que possuís é a consciência de que "deveria ser diferente", de que já não conseguis suportar, de que estais sufocados espiritualmente. Isso é uma graça. Mas, e agora? O Sermão da Montanha continua:

> *Se o teu olho direito te leva a pecar, arranca-o e lança-o para longe de ti, pois é preferível que se perca um dos teus membros do que todo o teu corpo seja lançado no inferno. Se a tua mão direita te leva a pecar, corta-a e lança-a para longe de ti, pois é preferível que se perca um dos teus membros do que todo o teu corpo vá para a inferno.*
>
> (Mateus 5:29–30)

Aqui encontrais a resposta para vossa pergunta. E agora? Conscientes de vosso estado de ser, necessitais proceder a uma renovação estrutural, a uma reversão fundamental.

Não deveis perseguir o outro ou algo, mas sim fazer de vós mesmos outro tão completo, tão perfeito, que nele não haja lugar para algo negativo.

Se o homem Caim deseja revoltar-se, que ele faça essa revolta em si mesmo. Ele pode fazê-lo com a consciência cheia de graça de sua própria queda.

Assim, ele não constrói uma torre sem base; ao contrário, ele começa pelo alicerce do próprio ser e extirpa todo o egoísmo, toda a autoconservação e lança-os ao fogo.

Fazei o homem inferior e autoconservador morrer em vós e aproximai-vos do outro ou de algo como alguém que gera o amor perfeito.

Esse amor absoluto, impessoal e desinteressado vence tudo. Assim, o aluno não aceita o macabro drama da vida em resignação negativa, tornando-se uno com ele, e também não foge mediante o adultério. Não, ele rompe através de tudo com o flagelo do amor, liberto em seu interior, o amor que ultrapassa toda compreensão, toda teimosia e toda autoconservação, o amor que, chamado pela luz, realiza a luz.

Dessa forma, nós removemos do caminho todos os conflitos. Assim nos tornamos homens poderosos. Construímos um novo céu-terra quando, interiormente, participamos do drama da vida verdadeiro e divino em meio ao drama da vida sombrio deste mundo. Sem adultério!

5

Não julgueis

Não julgueis para não serdes julgados. Pois com o julgamento com que julgais sereis julgados, e com a medida com que medis sereis medidos. Por que reparas no cisco que está no olho do teu irmão, quando não percebes a trave que está no teu? Ou como poderás dizer ao teu irmão: "Deixa-me tirar o cisco do teu olho", quando tu mesmo tens uma trave no teu? Hipócrita, tira primeiro a trave do teu olho e então verás bem para tirar o cisco do olho do teu irmão.

(Mateus 7:1–5)

Colocamo-vos novamente diante do fato incontestável de que o Sermão da Montanha foi proferido ou composto para os alunos da Escola Espiritual cristã, para um círculo seleto de candidatos aos mistérios de Cristo.

A esses alunos é retirado o direito de julgar e criticar. Eles não têm a menor competência para isso. Eles são aconselhados a refrear por completo as críticas e os julgamentos a fim de evitar consequências desagradáveis. Esse alerta dirige-se também a vós, que desejais ser chamados alunos da Escola Espiritual da Rosa-Cruz, isto é, que desejais participar de uma escola cristã de santificação.

Por experiência, sabemos que renunciar à crítica e ao julgamento é uma das lições mais difíceis da Filosofia Universal. Não há nada pior para um ocidental do que uma atitude de vida sem críticas. Com prazer damos rédeas soltas à nossa tagarelice e falamos dos outros na hora do chá. Em assuntos intelectuais e espirituais estamos sempre prontos a julgar. Sim, fomos educados com crítica. A crítica é um dos nossos pilares de vida. O que seria da democracia sem a crítica? Se já não pudéssemos julgar e criticar, estaríamos destituídos de todos os nossos direitos.

Não devemos, portanto, julgar um ensinamento que nos é apresentado? Como devemos reagir diante da corrente de ideias e *slogans* que são vertidos sobre a massa? Não devemos criticar nem pessoas nem coisas manifestamente malignas? Devemos curvar-nos diante das autoridades em silêncio negativo? Devemos simplesmente recusar tudo o que nossa consciência nos impõe? Aceitar tudo o que provoca em nós simpatia e antipatia, sem reagir?

Devo achar belo o que me parece repulsivo? Não devo sair de uma atmosfera onde não me sinto à vontade? Em suma, devo tornar-me insensato, antinatural?

Quando sugerimos aos alunos de nossa Escola que evitem a crítica e se coloquem diante do conceito "obediência à Obra", muitos pensaram e depois se expressaram com aguda mordacidade: "Querem pôr fim a qualquer crítica eventual dirigida ao trabalho da Rosa-Cruz. Nós, alunos, devemos ficar de boca fechada!"

Estamos cientes de que nos defrontamos com uma grande dificuldade, e de que não será fácil entender claramente este ponto de vista.

Também somos da opinião de que o homem do mundo dialético, desta ordem de natureza fragmentada, não vive sem a crítica e sem o julgamento. Eles são armas de autodefesa, mas sempre provocam feridas sangrentas! Por enquanto, a democracia claudicante é a única forma de governo que merecemos. Às vezes, por pouco, conquista-se uma partícula de direitos humanos, após semanas de debates acirrados. Fecha-se a questão, então, com a maioria de metade mais um. As ideias mais funestas envolvem-nos com seu belo brilho, e precisamos de toda a força de julgamento para livrar-nos desses véus. Na vida dialética o homem deve armar-se com a crítica e o julgamento.

Nunca sentistes o dissabor e a dor aguda de alma ao empregar esses métodos, ou ao ser vítima de uma crítica, mesmo aquelas denominadas justas?

Em nossa opinião, não existe uma forma de crítica justa! Já descobristes como um julgamento violento ataca vosso corpo físico e polui vosso sangue?

A maldição do Paraíso

Por sermos deste mundo, somos obrigados a usar as armas do julgamento e da crítica. Para o homem comum e grosseiro desta natureza, não vemos nem conhecemos outro método. Todavia, o emprego dessas armas reverte-se numa miséria terrível e provoca muitos conflitos e doenças. O direito ao julgamento e à crítica é como uma maldição do Paraíso para o homem deste mundo. Às vezes, carregais suas consequências até mesmo para dentro de nossos templos, e vossos pensamentos assediam o orador, nem sempre com boas intenções. A maldição do Paraíso persegue-nos até diante da Rosa-Cruz!

Para algumas pessoas esse método dialético tornou-se uma segunda natureza a tal ponto que elas já não podem viver sem ele. Qual é a consequência? Semeia-se inquietude. Qual é a consequência? Poluição sanguínea, afecções cardíacas e nevralgias. Ninguém pode levar uma vida acima de seu estado de ser. Portanto, se essa segunda natureza é também a vossa, nada temos a dizer-vos. Dirigimo-nos apenas aos que desejam trilhar a senda da iniciação ou da santificação na Escola dos Mistérios de Cristo. É a esses escaladores de montanha que Cristo dirige sua advertência.

Esses homens querem desvincular-se de tais métodos dialéticos a fim de que, mesmo estando neste mundo, já não pertençam a *este* mundo. *Desses* homens é retirado o direito ao julgamento e à crítica, se eles desejam alcançar seu objetivo. Eles devem libertar-se conscientemente, de baixo para cima, de uma parte da maldição do Paraíso. Essa exigência necessária e absoluta pode ser comprovada de forma bem simples:

> *Por que reparas no cisco que está no olho do teu irmão, quando não percebes a trave que está no teu?*

Pela sabedoria gnóstica, sabeis e podeis comprová-lo mediante pesquisa, que o corpo material se encontra envolvido por uma esfera aural. Denominamo-la também corpo de desejos ou campo* de respiração. Essa esfera aural não é apenas um campo de irradiação, onde se acham forças que são absorvidas ou rejeitadas pelo restante do organismo, porém apresenta claramente uma estrutura anatômica e uma estrutura de tecidos. Ela é parte de nossa forma corpórea.

Evidentemente, o tipo, o estado e a vibração da esfera aural são bem individuais. Eles diferem de pessoa para pessoa. Observais e percebeis através de vossa esfera aural. Percebeis sensorialmente tudo o que vos circunda e está intimamente ligado a vós. Eis por que nossas percepções sensoriais são totalmente distintas.

Como homens decaídos, pertencemos a uma ordem de natureza igualmente decaída. Fomos tão danificados e nos transformamos em tamanhas caricaturas do ser humano original que já não somos capazes de perceber, de maneira objetiva e pura, por meio de nosso corpo dialético. Nossa esfera aural é como um espelho embaçado, bastante danificado e totalmente incapaz de um julgamento puro.

Por isso, viveis numa grande ilusão. Na realidade, nada é como percebeis sensorialmente. Além dos gnósticos, ilustres filósofos de todos os tempos atentaram para esse fato, sem, no entanto, indicar a causa sóbria, simples e estrutural. Nossa forma corpórea é imperfeita. Vivemos no mundo da ilusão.

Como alunos da Rosa-Cruz, deveis sentir que esse organismo imperfeito se encontra absolutamente incapacitado para julgar; que, com o auxílio de vossa imperfeição estrutural, podeis, na melhor das hipóteses, apenas supor e especular; que, no máximo, podeis supor quais as consequências acarretadas por vossos atos e julgamentos.

Deveis ainda reconhecer que o cisco que vedes no olho do outro é muito provavelmente resultado da pilha de traves alojadas em vosso olho, pois vemos as coisas coloridas por nossa aura. E o que é indesejável em nossa própria esfera vemos projetado nos outros. Tudo aquilo de que acusais os outros pode quase sempre ser encontrado em vós mesmos.

Essas coisas nos parecem tão lógicas, tão clamorosamente simples, que não seria necessário discorrer sobre isso. Essa verdade, essa sabedoria, sempre esteve consolidada nas crenças populares, a saber: "tal anfitrião, tal convidado" e "o sujo falando do mal lavado".

A ação especulativa

Se desejais servir à Escola Espiritual, não podeis aproximar-vos das pessoas e do mundo com vossa faculdade crítica dialética. Ao cairdes da ordem divina, perdestes não apenas a faculdade superior do espírito e da alma, mas também até as mais elementares qualidades da forma corpórea original. Vossos órgãos sensoriais, de que tanto vos orgulhais, não passam de órgãos táteis. Vós não percebeis, mas supondes e tateais! De acordo com vosso estado de ser, supondes que a situação é esta ou aquela. Agis de forma especulativa. *Esse* é vosso direito eminente de criticar e julgar!

A Escola Espiritual afirma que de posse dessa característica não avançareis em direção à vida superior; que deveis livrar-vos dessa forma de percepção e reação sensoriais a representações falsas e distorcidas.

Todos os que vivem em seu próprio mundo imaginário julgam as coisas em seu derredor segundo esse ponto de vista. Por conseguinte, chegamos ao estado de completa cisão. Vivemos mergulhados num estado e num mundo completamente egocêntricos. Em poucas palavras, somos extremamente anormais. Disso resultam a corrente de ideias que é derramada sobre nós e nossas eternas divergências. É essa a origem da terrível separação, do egoísmo ilimitado, da autoafirmação e suas inúmeras consequências amargas. Percebeis que esse é o núcleo de nossa miserável existência?

Um julgamento é uma decisão, uma imagem concreta do pensamento, que sempre desperta uma reação em nosso derredor e em nós mesmos. Somos sempre medidos com a medida com que medimos. Por isso reina aqui tanta confusão. O que um constrói, outro destrói. O que é bom para um, é mau para outro.

Quando a Escola Espiritual vos aconselha a abandonar vosso "direito" dialético de julgar e criticar, ela não tem a intenção de facilitar o trabalho de seus obreiros. Trata-se aqui de curar-vos de uma doença grave. Trata-se de livrar-vos de uma demência evidente, de uma grave perturbação psíquica, que jamais teríeis considerado possível.

Pois bem, supondo que esse problema tenha ficado claro para vós, precisais agora entender o que a Escola Espiritual exige de vós.

Hipócrita – isto é, "imperfeito, caricatural e, por isso, inverdadeiro", e não: "fariseu, pobre infeliz" – *Tira primeiro a trave de teu olho e então verás bem para tirar o cisco do olho do teu irmão.*

Se desejais compreender essas palavras, então cuidai para não cairdes imediatamente em nova mistificação. Muitos afirmarão que estão ocupados com o esforço de retirar a trave do próprio olho, ou que já o estão quase conseguindo. Contudo, deveis entender que aqui se trata da purificação de vosso campo aural, da completa reconstrução da forma corpórea original, da demolição do tabernáculo terrestre, como diz Paulo. Em suma, aqui também o aluno é colocado diante do mistério de iniciação ou de santificação da Escola Espiritual cristã.

NÃO JULGUEIS

A questão agora é como o aluno deve comportar-se no período entre sua despedida da faculdade dialética da crítica e a plenitude da nova faculdade, resultante da troca de personalidade. Nesse ínterim, não se deve decidir e agir a favor ou contra alguma coisa? Nesse período, não devemos reconhecer nossos amigos e inimigos?

Nesse período, deveis viver das normas que vos são mais sagradas, que se encontram na base mais profunda de vosso coração vivente e que cintilam em vossa consciência. Tudo mais é especulação. Com base nessas regras de vida, realizai vossa tarefa, vossa obra, da melhor forma possível, enquanto diariamente vos esforçais para enobrecer e corrigir-lhe a qualidade. Uma tormenta de críticas e julgamentos cairá sobre vós; é apenas a reação normal do mundo. Porém, não julgais. Dais apenas o que está no mais profundo de vosso ser, segundo vossa sagrada convicção. Procurais observar sempre o que motiva o outro, o que ele pretende e o que ele quer.

Quando vosso caminho, vossa compreensão, vosso esforço e vosso desejo entram em conflito com os daqueles com quem conviveis, por exemplo, amigos, colegas e vizinhos, imediatamente deveis considerar vossas deficiências orgânicas e insuficiências estruturais e fazer um autoexame. É certo que a situação será esclarecida, sem que preciseis infringir vossas leis sagradas de vida.

Então, experimentais uma sensação maravilhosa, tão simples, tão evidente. No próximo encontro, vereis que as dificuldades desapareceram, porque vosso amigo ou parente também terá examinado a si mesmo e refletido segundo o método espiritual. Por conseguinte, os dois adversários do início chegam à mesma conclusão. O *status* do eu e de seu mundo foi rompido, e todos que estiverem empenhados nesse caminho vivenciarão o nascimento de uma comunhão de sentimento, julgamento e atividade, totalmente independente um do outro, sem obediência cega: a *Sancta Democratio.*

O milagre

Aconselhamos a todos vós, que subistes a montanha do templo e vos considerais alunos, a aproximar-vos de vosso próximo e do mundo em vosso derredor sem críticas. Encontrai-os com toda a positividade de vossa mais sagrada convicção, que tem sua base em vosso coração. Não imponde vossa vontade aos outros, porém dai testemunho prático de vosso objetivo e do que sois, e observai-os impessoalmente.

Então vivenciareis o milagre. Reconhecereis os irmãos da nova aliança, e eles vos reconhecerão. Já não haverá divergência de opiniões. A partir desse momento, vivereis na verdadeira comunidade espiritual. Somente então tereis o direito de assistir-vos mutuamente na senda e de auxiliar, com amor, a outrem que pede ajuda. Cada aluno no caminho deve compreender que ele jamais pode forçar outra pessoa a entrar em outro estado espiritual ou outra atividade que não esteja em concordância com seu estado de ser. Deve compreender ainda que ele sempre entra em choque, em atrito, tanto com pessoas cujo estado de ser é inferior ao seu, como também com outras de estado de ser mais elevado. Existe sempre uma falta de compreensão de ambos os lados. Eis por que sempre arde o fogo da crítica entre os alunos que ainda não compreenderam as exigências do Sermão da Montanha, infligindo-lhes ferimentos profundos.

Aprendamos com Jesus Cristo que existe outro caminho, mais curto. Em relação a tudo isso, estejamos neste mundo, mas sem pertencer a ele.

6

Não deis aos cães o que é santo

Não deis aos cães o que é santo, nem atireis as vossas pérolas aos porcos, para que não as pisem com os pés e, voltando-se contra vós, vos estraçalhem.

(Mateus 7:6)

Essas palavras são de suma importância para os que estão a serviço da luz. Todos os que desejam colaborar de alguma forma na grande obra de Cristo a serviço do mundo e da humanidade devem lembrar-se delas. Elas dirigem-se aos alunos que estão enobrecidos para compreender as palavras do Sermão da Montanha.

Elas fazem-nos, naturalmente, lembrar a epígrafe da obra *As núpcias alquímicas de Christian Rosenkreuz:*[5] "Não atireis, portanto, pérolas aos porcos nem deiteis rosas aos burros". Obviamente essas palavras trazem em si o mesmo sentido do trecho do Sermão da Montanha. Elas contêm um conselho dirigido especialmente, e com grande ênfase, aos alunos da Rosa-Cruz.

Qual o significado de cães, porcos e burros? De que lado surge o perigo? Como deve o aluno trabalhar e proceder para evitar esse perigo? Tentaremos responder a todas essas questões.

---

[5] Rijckenborgh, J. van. *As núpcias alquímicas de Christian Rosenkreuz.* São Paulo: Lectorium Rosicrucianum, 1993. t. 1.

Em todas as mitologias e mistérios, o cão sempre foi usado como símbolo da vontade dialética, isto é, da vontade humana, terrena, caótica, especulativa e experimental. As tentativas totalmente inúteis de santificação dessa vontade para fazê-la corresponder à vontade divina também foram simbolizadas pelo cão.

Tomemos como exemplo o *Bundahishn,*[6] onde é mencionado que o cão é alimentado com carne de ovelha imolada. Na filosofia hindu, o cão foi ligado, pela mesma razão, a Shiva, à vontade divina que irradia no mundo humano inferior.

Esse símbolo se tornará ainda mais claro se voltarmos nossa atenção a Cérbero, o guardião tricéfalo do Hades. Há lendas que o descrevem como um ser de cinquenta cabeças, com cauda de dragão, crina de cem serpentes, e hálito e saliva venenosos. Esse é um retrato fiel da vontade humana, que odeia, mata e se inflama. Seu latido estremece o inferno, e se ele consegue livrar-se de suas correntes, nem mesmo as Fúrias são capazes de dominá-lo. Ele impede os espíritos agrilhoados de fugir de sua morada infernal, e os que desejam enganá-lo e domá-lo devem narcotizá-lo com alimento à base de mel e papoulas.

Na realidade, ele somente pode ser capturado com o bastão de Mercúrio, que é a senda da iniciação, porém aqui também é necessário extremo cuidado, pois não nos é dito que mesmo Hércules, o grande filho dos deuses e amoroso obreiro a serviço da humanidade, enlouqueceu por algum tempo ao ser mordido e infectado pela saliva venenosa de Cérbero, quando tentava capturá-lo?

Se somos capazes de compreender essas ideias relativas ao símbolo do cão, então é-nos possível perceber também a relação existente entre o símbolo do porco e o ser de desejos inferior

[6] *Bundahishn,* que significa "criação original", é o nome tradicionalmente dado a uma coleção enciclopédica de cosmogonia e cosmologia zoroástrica escrita em pálavi (Wikipedia).

do homem que, com sua natureza emocional, se volta à terra e a tudo o que é terreno, que se mantém ligado aos conceitos e valores mundanos, e que aprisiona e degrada na dialética tudo o que é sagrado e não pertence a este mundo. O porco é o retrato repugnante de uma parte vivente da consciência-eu,* que, instigada por suas cobiças e coberta de imundície incrustada, se arrasta penosamente pela lama para alcançar seus objetivos inferiores. Esse é o porco do qual provavelmente cada um de nós tem um pouco.

O livro egípcio dos mortos também nos adverte a respeito do porco. Até o reino animal que se degenerou conosco nos conscientiza de forma refinada e clara das coisas inferiores que encontramos em nosso mundo humano. Vemos o porco sujo e asqueroso, que sempre nos faz lembrar nosso ser de desejos inferior. Por isso, existem, desde o passado remoto até nossos dias, povos que detestam a carne de porco e se recusam a comê-la. As leis judaicas relativas à alimentação proíbem a carne de porco. E na casta sacerdotal da pré-história, quando os sacerdotes ainda eram escolhidos entre os iniciados, sabia-se que a carne de porco continha elementos venenosos que inevitavelmente agiam sobre diversas expressões da vida emocional. Essa é a razão de o porco ser chamado "inimigo de toda justiça".

Nos círculos de magia negra, as pessoas escolhidas para fins homicidas somente se alimentavam de carne de porco. Desde que mantivessem por certo período esse regime, esses desafortunados perdiam todo o senso de justiça e arrastavam-se pela imundície e pela lama para cumprir seu objetivo sinistro.

Qualquer tipo de carne contém um elemento venenoso que não atua somente no corpo material, porém distorce sobretudo o ser moral e mental em determinado sentido. Valeria a pena dedicarmos um estudo especial a esse assunto. Quanto a isso, ainda desejamos dizer-vos que o inglês gosta muito da carne de ovelha. Em nossa opinião, o veneno dessa carne imprimiu seu selo na nação inglesa.

Finalmente, voltamos nossa atenção para o burro, para o símbolo da natureza obstinada, que sempre resiste, que apenas pode ser guiado e controlado pela força espiritual superior. Por isso, Jesus entrou na Jerusalém da natureza terrestre montado num burrico, impelindo o populacho a clamar: "Hosana! Bendito o que vem em nome do Senhor!"

No entanto, isso não é uma vitória! É o prelúdio do sacrifício de sua carne, de seu sangue; pois os mesmos que gritavam "Hosana", os mesmos místicos fanáticos e os mesmos que clamavam pela luz, gritavam no dia seguinte "Crucifica-o". A natureza inferior, oprimida, agrilhoada e acuada volta-se contra seu senhor e rei, até que ela submerja em seu próprio ser. E quando o grito da morte rasga o éter mundial, o Crucificado está presente. Seu ser, seu sangue, já em passado remoto, uniram-se ao do moribundo em incomensurável amor, a fim de auxiliá-lo e salvá-lo. Assim, o burro é vencido pela maldição da cruz!

> *Não deis aos cães o que é santo, nem atireis as vossas pérolas aos porcos, para que não as pisem com os pés, e, voltando-se contra vós, vos estraçalhem.*

Com essas palavras o aluno é aconselhado a levar em consideração, em todo o seu trabalho, a satânica vontade humana, a natureza diabólica dos desejos e a consciência desequilibrada das atividades humanas. Em suma, o trabalhador na vinha deve levar a sério o estado profanado do tríplice templo humano: o santuário* da cabeça, o santuário do coração e o santuário da pelve. A cabeça é o foco da vontade humana; o coração, o foco das cobiças; e a pelve, o foco das forças da ação.

Não deis aos cães o que é santo. Esse conselho aplica-se às atividades do santuário da cabeça.

Nem atireis as vossas pérolas aos porcos. Essa advertência dirige a atenção para as atividades do santuário do coração.

Nem rosas aos burros. Essa é uma referência aos centros de atividade do santuário da pelve.

Não deis aos cães o que é santo

Originalmente, dizia-se: "Não deis aos cães o círculo". O círculo ou a coroa santa sobre a cabeça do aluno é o símbolo da iniciação, da ligação com a ordem divina. Logo que um aluno possua esse círculo e, portanto, realize em si algo da divindade original, participando da Hierarquia de Cristo, ele torna-se uma parte vivente do ser de Cristo. Ele possui a faculdade de transferir a outrem esse círculo, essa santidade, de acordo com seu tríplice estado de ser. Como iniciado, ele pode iniciar a outros. A graça divina, a dádiva divina, é infinitamente divisível. Essa não é uma invenção da Rosa-Cruz atual, ao contrário, é uma possibilidade há muito conhecida e estritamente evangélica.

Pensai, por exemplo, nas palavras do Evangelho de Marcos. Lá é dito sobre os libertos em Cristo:

> *Em meu nome expulsarão demônios, falarão em novas línguas, pegarão em serpentes; imporão as mãos sobre os enfermos, e estes ficarão curados.*

Pensai também no *Diploma de Bacstrom,* de onde se deduz que cada membro da Fraternidade sagrada, cada membro da Igreja* Invisível, tinha o direito e o dever de passar o círculo da verdadeira ligação com Deus a quem estivesse enobrecido para isso.

Enorme responsabilidade é depositada nas mãos de todos os membros da Igreja Invisível. É impossível ser mais democrático e universal. Se possuís algo da verdadeira luz, então tendes o direito, o dever e a possibilidade de transferi-lo a outros. Logo que o círculo sagrado, a coroa de espinhos, repousa sobre a cabeça do aluno, ele torna-se poderoso, um dos co-herdeiros da graça de Cristo. Ele o recebeu de graça e de graça ele o dá!

E ao dá-lo, o aluno à sua frente já não é um inferior, porém um igual, um dos irmãos. Eis por que Cristo disse: "Não vos chamo mais de servos, mas de amigos". Nesse momento ele se dirige aos alunos que receberam o círculo sagrado. Percebeis o perigo que representa dar o que é santo, o círculo sagrado, aos cães? Passá-lo a quem ainda vive sob o jugo da antiga vontade?

Aspirais à posse da coroa da vida? Sabei, pois, que há uma multidão glorificada que espera colocar-vos sobre a cabeça esse Ureus ou Naga dourado. Existe uma coroa para cada ser humano; a graça da luz é infinita e eternamente divisível. Todavia, primeiro deveis banir a vontade ímpia e desenfreada do templo da cabeça, pois o que é santo não deve ser dado aos cães.

NÃO ATIREIS AS VOSSAS PÉROLAS AOS PORCOS

Na linguagem dos mistérios, a pérola representa a comunhão com Deus. O círculo significa a ascensão a Deus; e a pérola, a aliança com Deus, o contato diário com a luz divina, com o alento do amor no santuário do coração, onde esse alento divino, como prana da vida, penetra em nosso sistema* e se comunica com a nossa alma. A pérola simboliza a qualidade anímica duodécupla, que se torna posse do verdadeiro cristão. Eis por que é dito no Apocalipse sobre a Nova Jerusalém:

> *As doze portas são doze pérolas; cada uma das portas era feita de uma só pérola.*

Assim como acontece com a coroa da vida, ocorre também com as doze pérolas da alma. O aluno que as possui pode doá-las sem perdê-las. Ele pode realizar, em Cristo, a renovação do coração.

Aspirais à posse desse colar de pérolas? Há uma multidão de auxiliadores que esperam colocar-vos esse colar no pescoço, como no cântico de Salomão. Existe um para cada ser humano. A graça da luz é infinita e eternamente divisível. Todavia, primeiro deveis purificar completamente o templo do coração, eliminar todos os sentimentos especulativos e cobiças, pois as pérolas não serão presenteadas aos porcos. O filho perdido, que era igual aos porcos, deve decidir-se e dizer: "Vou-me embora e irei até meu pai".

Não atireis rosas aos burros

A rosa é o símbolo da realização, da criação, da ação santificada em Jesus Cristo. Assim como a rosa branca simboliza o divino, o perfeito, aquilo que compreende tudo em si mesmo, assim também a rosa vermelho-alaranjado representa a magia divina. A magia divina que irrompe no tempo, desce ao homem, ao verdadeiro buscador, à alma desesperada, que despertou com um grito de dor neste charco infernal. Ela deseja abrir a senda para essa alma infeliz e, ao mesmo tempo, tão abençoada, com amor, auxílio, ação e consolo, e oferecer a todos que desejarem as rosas vermelho-alaranjado da bondade, verdade e justiça.

Existia e existe uma Fraternidade neste mundo, muito antes de ouvir-se falar em igreja e éons,* muito antes que um lampejo de humanidade despertasse em vosso cérebro.

Essa Fraternidade desceu até nós a serviço de Jesus, o Senhor, a serviço de Cristo, que é o mesmo ontem e hoje, a fim de tornar possível a senda da realização. Suas rosas de imarcescível beleza são incontáveis. Elas são para todos, também para vós, porém primeiro o burro, a obstinação em vossa consciência de ação, deve morrer.

Vede, Jesus Cristo conquistou-vos. Ele entrou na Jerusalém da natureza montado no burrico e fostes compelidos a clamar

"Hosana!" E o martirizastes e crucificastes em vós. E agora esse detentor do poder está ligado a vós mediante o sangue. Não podeis desvencilhar-vos dele! Essa é vossa maldição e vossa graça.

É vossa maldição, porque, se o rejeitais, vivenciais, corporal e sensorialmente, o inferno no sangue. É vossa graça, porque a Fraternidade da sagrada Rosa-Cruz deseja semear no sangue as rosas da felicidade e da realização em vossa senda, para que possais receber o colar de pérolas duodécuplo e a coroa da vida.

Todavia, atentai: nenhum iluminado dá aos cães o que é santo, nem atira pérolas aos porcos nem lança rosas aos burros! Porque muitos irmãos e irmãs, enobrecidos para subir à montanha sagrada, experimentaram, para seu dano e vergonha, que uma falta cometida contra essa lei se vinga amargamente. Os cães, os porcos e os burros pisam o que é santo, as pérolas e as rosas, e dilaceram os que, chamados pelo Senhor, usam de modo incorreto seu misericordioso amor.

Se o círculo sagrado fosse dado a um indigno, se o colar de pérolas da alma fosse concedido a quem não desejasse abandonar este mundo, criar-se-ia uma ligação forçada, falsa. A Fraternidade teria dado um dom sagrado a alguém indigno, que acabaria aprisionado por ele. O indigno se tornaria, assim, obcecado. Ele seria obumbrado e reagiria como um louco.

É por isso que o círculo sagrado apenas é dado ao aluno que realizou em si o autodeclínio. Essa coroa da vida retira-lhe o véu da face e abre o portal da medula oblonga. Por conseguinte, o colar de pérolas duodécuplo pode ser colocado no pescoço do candidato, e o amor de Deus eleva-se diante dele como um sol.

Nessa luz radiante, os irmãos e irmãs, nascidos na glória e carregando a rosa nas mãos excelsas, entram neste mundo tenebroso como servidores e se atêm ao que foi dito:

Não deis aos cães o que é santo, nem atireis as vossas pérolas aos porcos nem rosas aos burros.

7

O sacrifício do homem celeste

E ele saiu, carregando sua cruz, e chegou ao chamado "Lugar da Caveira" – em hebraico chamado Gólgota – onde o crucificaram; e com ele, dois outros: um de cada lado e Jesus no meio. Pilatos redigiu também um letreiro e o fez colocar sobre a cruz; nele estava escrito: "Jesus Nazareno, o Rei dos Judeus".

(João 19:17–19)

Qual o significado da cruz para quem deseja trilhar a senda da rosa e da cruz? Se essa pergunta fosse feita a vários candidatos, as respostas seriam idênticas? Elas dariam testemunho de um claro e fulgurante conhecimento proveniente de uma vivência interior? Há razões suficientes para duvidar-se seriamente disso. Jesus Cristo sempre fazia essa pergunta a seus discípulos, e das respostas que davam podia-se verificar quão fragmentada e dividida era a compreensão que tinham.

Quando enfrentamos dificuldades com uma pessoa ou outra, suspiramos: "Ai, que cruz eu tenho de carregar!" E as lágrimas descem abundantes de pura autocompaixão. Quando a paixão do eu é refreada de algum modo, geralmente mistificamos nossas experiências como se fossem uma via-crúcis.

Outros estendem os braços e dizem: "Vede, eu sou a cruz; eu a levarei à vitória. Tenho condição de realizar essa tarefa. Não é verdade que existem dentro de mim as sete possibilidades, os sete centros de força, as sete glândulas endócrinas? Vede, eu as coloco no coração da cruz como sete rosas e as farei florescer e exalar fragrâncias semelhantes ao precioso nardo. Então, celebrarei minha ressurreição. Irmãos e Irmãs, fazei como eu. Possam as rosas florescer em vossa cruz!"

Há ainda outros que nos contam como Jesus Cristo purificou e santificou toda a esfera de nosso cosmo planetário mediante seu sacrifício de sangue realizado pelo mundo e pela humanidade, e como agora podemos trilhar a senda da ascensão por meio dessa obra salvadora.

Esse ponto de vista se assemelha muito ao de nossos irmãos e irmãs ortodoxos, que ajustam inteiramente sua vida à crença de que Jesus Cristo nos redimiu de todos os nossos pecados e os resgatou, que nos proporcionou bem-aventurança eterna, e que podemos confiar tranquilamente em seu coração de amor. Os irmãos e irmãs ortodoxos confiam plenamente em sua igreja e em sua Bíblia; e os irmãos e irmãs esotéricos, em sua escola espiritual, em seus centros sensitivos e em seus órgãos produtores de hormônios.

Apreendemos e entendemos a cruz de inúmeras formas: romântica, simbólica, esotérica e realisticamente. No decorrer dos anos, procurais entrar em contato com ideias que estão em sintonia com vossas aptidões e, assim, vos narcotizais. Assim também passa vossa vida, para terminar como começou.

Por isso, cabe aqui a pergunta: Qual o significado da cruz de Jesus para o aluno da Rosa-Cruz? Algo essencial deve ser encontrado na multiplicidade de ideias e nos diversos aspectos da cruz, algo que nos diga "do que realmente se trata"! Deve haver uma ideia central, uma certeza eterna. De que nos serve o edificante, o místico, o romântico e o especulativo? Isso nos satisfaz por alguns instantes. Proporciona-nos um estímulo, uma disposição de ânimo, e isso é tudo.

Necessitamos algo diferente neste mundo furioso e desesperado. Já não deveis narcotizar-vos com sentimentos. Isso é um abuso de nossa civilização. São sepulturas caiadas, cheias de mentiras e podridão.

O aluno deve compreender a realidade e vivenciá-la dia a dia. Então ele poderá livrar-se de todas as disposições de ânimo e especulações, e a realidade da salvação torna-se o foco central de sua vida. Já não há nenhum momento de clímax místico em que ele se exalta meditativamente. Compreendeis do que se trata?

Acontece, quando tomais a Bíblia e ledes sobre a Sexta-feira Santa e os acontecimentos do Gólgota, que não os testificais em vosso próprio ser. E, assim, não permitis que o sangue de vosso próprio coração expresse o que está na Bíblia.

Ao contrário, vós a ledes através de uma lupa esotérica. Quereis então roubar o segredo da Doutrina Universal. E assim enganais a vós mesmos e a outros. Quando vos perguntamos: "O que representa a cruz de Jesus para vós"?, podemos verificar claramente se vossa resposta corresponde a uma posse interna ou se ela é uma repetição das palavras bíblicas com algumas ideias destiladas de seu conteúdo.

Somente os que possuem o tesouro interno entendem-se mutuamente e reconhecem-se como membros da grande Fraternidade humana que não é deste mundo. Eles vivificam a Sexta-feira Santa em serviço diário e vivenciam os acontecimentos do Gólgota como um processo interior. É sobre isso que desejamos falar-vos, não com o intuito de ampliar vosso universo de ideias, pois disso não precisais, porém para que, se possível, vos torneis conscientes de vós mesmos.

É possível que no decorrer de vossa vida as palavras de alguém sejam como uma porta que se abre diante de vossa consciência, de modo que de repente começais a ver e a reconhecer claramente.

Esse é nosso objetivo. Todavia, damos um conselho a todos os que nada veem além de uma nova ideia naquilo que expomos: livrai-vos delas, pois vos são inúteis. Elas então nada mais são do que um lastro.

No topo da cruz havia uma inscrição: "Jesus Nazareno, o Rei dos Judeus". Que significa isso? Talvez penseis: trata-se da figura histórica de Jesus Cristo, que desceu ao tempo para salvar a humanidade.

Contudo, Jesus Nazareno certamente não é a figura histórica de Cristo. Os Evangelhos não são relatos históricos nem tampouco uma folhinha. Pelo contrário, eles descrevem processos e métodos que possibilitam a entrada da força Jesus no homem. Se pudésseis compreender os Evangelhos dessa forma, eles vos seriam muito libertadores.

A indicação "Jesus Nazareno" dirige a atenção literalmente para um raio libertador e redentor da consciência universal de Cristo, que deve fazer de vós, como alunos, sua morada. Eis por que a inscrição também diz: "o Rei dos Judeus". Portanto, devemos lê-la como: "O aspecto libertador e salvador do Leão Real".

O Evangelho não se ocupa em esclarecer-vos a morte do Jesus Cristo histórico, porém o modo pelo qual algo do ser do Cristo universal pode penetrar em vós para vossa salvação eterna. Portanto, deveis compreender claramente que não mergulhamos aqui, em atitude mística, no drama ocorrido aproximadamente há dois mil anos, porém conscientizamo-nos, como seres humanos inteligentes, dessa realidade salvadora e preparamo-nos para uma Sexta-feira Santa no presente. Colocamo-nos no hoje vivente. Que a massa fite o passado incompreendido. Nós estamos interessados no presente!

Quando o aluno trilha a senda dos mistérios de Cristo, chega a hora em que surge, ao lado de sua personalidade dialética, em seu campo microcósmico de vida, a verdadeira personalidade celeste em desenvolvimento. Esse é, pois, o início do caminho de Jesus no campo de respiração do aluno: o nascimento.

Primeiro, ele é como uma criança indefesa, envolvida em faixas. O negro inimigo procura matá-lo. No entanto, se o aluno sabe superar os perigos ameaçadores, chega o momento em que essas palavras se realizam nele:

> *E ele saiu, carregando sua cruz, e chegou ao chamado "Lugar da Caveira" – em hebraico chamado Gólgota* [...]

Jesus Nazareno, o homem celeste original tencionado por Deus, um ramo da árvore hierárquica da vida, um novo rebento no tronco de Jessé, aproxima-se do campo de respiração da personalidade dialética não compreendida em Deus e entrega-se cativo, a começar pelo santuário da cabeça, o Lugar da Caveira.

> [...] *onde o crucificaram; e, com ele, dois outros: um de cada lado e Jesus no meio.*

Para entender o significado e o objetivo da crucificação tríplice, deveis ser filosoficamente iluminados pela Doutrina Universal, que corresponde à vossa reminiscência.

Quando, num passado longínquo, o homem transgrediu as leis de Deus e dessa forma perdeu a ligação com a ordem divina, ele perdeu concomitantemente sua forma celeste tríplice mediante terrível explosão. Na ordem divina, o que é pecaminoso, doentio e antinatural não pode propagar-se como um câncer. A ordem da árvore da vida não é movida por forças opostas. Tudo o que não é "luz", ou que infrinja sua lei, explode e é pulverizado. A lei da luz elimina-o total e incondicionalmente. A ordem divina mantém-se por meio dessa lei, e tudo o que não está em sintonia com esse mundo é lançado para baixo como um meteoro, como uma chama ardente.

Quando essa catástrofe nos atingiu, restou-nos apenas o núcleo espiritual central. Os ramos da árvore da vida, que éramos, foram podados e queimados. Contudo, o núcleo espiritual central, que se encontra na substância original, deve manifestar-se e possuir um veículo tríplice. Portanto, após a queda, despojado de sua forma de luz, o homem teve de construir penosamente uma nova forma tríplice, todavia já não segundo a luz, porém segundo seu oposto, a dialética.

E, assim, encontramo-nos agora aprisionados numa forma tríplice que de maneira alguma é a do homem original. E essa mesma forma, que tanto acarinhamos, é uma forma de eternidade, embora a morte a corroa. Uma parte de nós morre, mas somente uma parte. E a roda continua girando. A parte que morre é substituída pela que recebemos de nossos pais, para logo novamente perecer.

Conheceis essa vida, sua imperfeição, sua transitoriedade e seu desespero. A juventude ainda aspira ao futuro, porém essa aspiração enfraquecerá cada vez mais até que um dia já não se deposite esperanças nessa viagem através do inferno. Assim, encontramo-nos aprisionados no tempo, que, como uma roda da eternidade, gira sem cessar.

Todavia *há,* graças a Deus, o desvelo divino e o Espírito Santo universal. Há a Hierarquia de Cristo, que desce do reino imutável até nós e nos mostra como podemos libertar-nos desse estado decaído. O auge do trabalho salvador consiste em estarmos prontos a tomar a cruz sobre nós para levá-la até o Lugar da Caveira.

Existiu alguém que vivenciou e conduziu esse processo até a gloriosa ressurreição. Muitos foram os que, seguindo-lhe os passos, também receberam a coroa da vitória. E os que desejam trilhar a senda da transfiguração* devem seguir a mesma *via dolorosa.*

Que tipo de processo é esse? Um novo rebento deve surgir do tronco de Jessé. O núcleo espiritual central deve incitar o homem original à reconstrução, ao renascimento com base na reminiscência. Isso se realiza pela água e pelo Espírito. É a graça divina que ultrapassa todo entendimento. É o inconcebível amor de Deus, que nos toca com a substância original da árvore da vida, proveniente do reino imutável, em nossa viagem pelo inferno, para que possamos preparar a forma celeste tríplice em nosso microcosmo.*

Então chega o momento já contemplado por muitos videntes, mas nem sempre compreendido, em que dois seres, o homem celeste e o homem dialético, emanam de um mesmo núcleo espiritual central. Juntos eles atravessam a vida como *Gemini*, como gêmeos, com um arco retesado apontado para as estrelas do país da luz.

No entanto, essa ainda não é a via-crúcis. Ela começa num momento psicológico em que todos os preparativos estão completos. Então, os dois seres opostos são ligados um ao outro, a começar pelo Lugar da Caveira, o santuário da cabeça, a sede do poder cognitivo. O homem celeste entrega-se completamente prisioneiro ao homem dialético.

Para quê? Para conduzir o homem dialético novamente, e agora pela última vez, à morte completa, não a morte da parte dialética, porém uma morte total. O homem celeste, que não é deste mundo, é incorporado estruturalmente no homem dialético por meio de três processos, em três dias. Isso tem início na Sexta-feira Santa e termina no domingo, o dia dos dias, na manhã da ressurreição. O fim consiste no desaparecimento completo do ser dialético e na ressurreição do verdadeiro homem. É o retorno ao reino imutável.

> [...] *onde o crucificaram; e, com ele, dois outros: um de cada lado e Jesus no meio.*

Quando Jesus Nazareno assim ingressa no aluno, o diabo, a escuridão completa que nele habita, o que não é absolutamente divino e o completamente biológico, a insanidade do mundo da ilusão, devem primeiro ser mortos. Em segundo lugar, o buscador e batalhador, o homem que busca a luz, saudoso de sua pátria, e aspira ardentemente à libertação deve morrer pleno de paz. Ele morre com total confiança, pois a luz ingressou nele e envolveu-o com seu vasto amor. Ele, ao morrer, jubila com Jesus Nazareno no Paraíso.

Jesus Nazareno, o Rei dos Judeus, unificou-se com ele.

Biografia do autor

Jan van Rijckenborgh, pseudônimo de Jan Leene, foi um rosa--cruz moderno e um gnóstico hermético — duas qualificações que marcaram toda a sua vida.

Ele nasceu em Haarlem, na Holanda, em 1896, numa família de orientação cristã. Ainda jovem, aprofundou-se em questões religiosas e principalmente em como aplicá-las de forma conscienciosa na vida cotidiana. Devido a isso, afastou-se do cristianismo superficial bem como da mentalidade teológica sem nenhuma profundidade. Seu grande senso de justiça levou-o a ligar-se ao movimento trabalhista que já tomava fortes contornos em sua juventude. Esse foi um período bastante agitado, no qual o professor dr. Arnold Hendrik de Hartog (1869–1938) atraía multidões à igreja com sua *Teologia Realista*. Jan Leene era um de seus ouvintes. Com De Hartog ele aprendeu o profundo significado das palavras do versículo 1 do capítulo 12 da Epístola aos Romanos, onde é dito: "Rogo-vos, pois, irmãos, pela misericórdia de Deus, que apresenteis o vosso corpo por sacrifício vivo, santo e agradável a Deus, que é o vosso culto racional".

Jan Leene e seu irmão Zwier Willem Leene, ambos ardorosos buscadores, foram aos poucos se conscientizando da direção que deviam tomar a fim de poder aplacar sua fome da única realidade. Em 24 de agosto de 1924, eles lançaram a primeira e ainda modesta base para a construção do verdadeiro lar espiritual para a nova era: a casa *Sancti Spiritus*. Durante essa primeira fase construíram a Escola de Mistérios da Rosacruz, inspirados pelos manifestos dos rosa-cruzes da Idade Média. A fim de ter acesso aos textos originais, Jan Leene visitou a *British Library* em Londres. *Esses documentos encontram-se provavelmente há duzentos anos nas estantes desta biblioteca sem que ninguém sequer tenha olhado para eles!* Em janeiro de 1937, apareceram suas traduções em holandês dos manifestos dos rosa-cruzes: a *Fama Fraternitatis R.C.*, a *Confessio Fraternitatis R.C.* e *As núpcias químicas de Cristiano Rosa-Cruz Anno 1459*, num único volume, com o título: *O testamento espiritual da Ordem da Rosa-Cruz.*

Ele queria, assim, tornar conhecidos a essência e o chamado da "Escola de Mistérios do Ocidente", conforme é dito no frontispício da primeira edição. O objetivo era a reforma geral, o deslocamento da ênfase da vida para o desenvolvimento da alma, de maneira que pelo renascimento ela se preparasse para encontrar o espírito de Deus.

Para elucidar o ideal rosa-cruz o mais amplamente possível, ele se serviu dos escritos do "filósofo teutônico" Jacob Boehme, do sábio chinês Lao Tsé e do poeta silesiano Johannes Scheffler (1624–1677), que passou a ser conhecido como Ângelo Silésio. Principalmente alguns versos deste último, também citados com frequência pelo professor De Hartog, formaram a base para o desenvolvimento de um ensinamento gnóstico-transfigurístico inteiramente novo para a era atual. Antes da Segunda Guerra Mundial, Jan Leene continuou a publicar ainda com o pseudônimo *John Twine.* Mais tarde, escolheu o pseudônimo *Jan van Rijckenborgh* como símbolo da riqueza gnóstica que lhe era permitido transmitir a seus alunos e ouvintes interessados.

Em todas as suas obras ele fez uma ligação com aspectos gnósticos na literatura mundial, mostrando desse modo muitos pontos em comum no hermetismo, na Bíblia e, principalmente, nos manifestos dos rosa-cruzes da Idade Média. Além disso, ele elucidou os *insights* e pensamentos de Paracelso, Comênio e Fludd. Embora rejeitasse o Cristo histórico das igrejas, sua escola era e é puramente cristocêntrica, ou seja: totalmente baseada na força universal de Cristo e em sua atividade onipenetrante.

A obra de Jan van Rijckenborgh consiste em milhares de alocuções nas quais a doutrina gnóstica de libertação é o ponto central. Em 1935/6 ele publicava o semanário *Aquarius*, no qual punha abaixo muitos "valores sagrados" e descrevia os acontecimentos vindouros. Por intermédio do mensário *Het Rozekruis* (A Rosa-Cruz) ele fez soar a voz da Escola em desenvolvimento. A cruz foi plantada no mundo. No "mensário esotérico" *De Hoeksteen* (A Pedra Angular) ele explicou a base sobre a qual o trabalho de renovação do espírito, da alma e do corpo devia ser realizado. Após sua morte, em 1968, o mensário *De Topsteen* (A Pedra de Topo) (1969–1978) anunciava o período da colheita. Muitas de suas explanações e alocuções encontram-se registradas na forma de quarenta livros de sua autoria. Estes livros são publicados pela Rozekruis Pers em Haarlem, Países Baixos; muitos deles já se encontram disponíveis em dezessete idiomas.

A Escola de Mistérios da Rosacruz desenvolveu-se, transformando-se na Escola Espiritual Internacional da Rosacruz Áurea, que possui cerca de 130 núcleos e atua em 36 países, incluindo muitos países da Europa, América do Sul, África, Austrália e Nova Zelândia. Sua sede central fica em Haarlem, Países Baixos.

Jan van Rijckenborgh, que sempre considerava o futuro com justificado otimismo, disse em 1968, no final de sua existência: *Espero que minha vida possa ter acrescentado um pequeno golpe de martelo na eternidade.*

Glossário

Para que o leitor tenha uma melhor compreensão da terminologia que a Escola Espiritual da Rosacruz Áurea emprega, figuram neste glossário as palavras que no texto foram acompanhadas de um asterisco (*). O número entre colchetes corresponde à página onde o termo foi mencionado pela primeira vez.

Alma: No homem original tríplice (Espírito – alma – corpo), a alma transmite ao corpo as sugestões do Espírito. Unicamente a reconstrução dessa alma original, da qual o último vestígio se encontra no coração, no centro do microcosmo, pode permitir seu renascimento. O que o homem normalmente chama de alma nada mais é do que o conjunto de ideias, tendências pessoais e do condicionamento a que foi submetido quando sua individualidade-eu foi formada. Essa alma-eu desvia-se, sem cessar, da ideia libertadora da reconstrução da alma imortal, numa ilusória tentativa de instalar-se de forma duradoura no Além. A alma da tríplice manifestação dialética é natural e necessariamente mortal. Eis a razão pela qual Cristo é denominado o Salvador das Almas, visto que sem uma alma intermediária absolutamente pura não é possível uma vida mais elevada. [11]

Alma-sangue: O conjunto do assim chamado carma maduro, que o ser humano, por ocasião do nascimento, traz consigo e que determina seu modo de ser e a qualidade de sua consciência, seu tipo e seu caráter, suas possibilidades e limitações bem como as demais circunstâncias de sua vida.

Campo de respiração: Ver Campo de manifestação. [48]

Campo de manifestação: O campo de manifestação, também chamado de campo de respiração, esfera aural, ou corpo de desejo, é o campo de força onde emerge a manifestação tríplice dialética do ser humano. É a área de conexão entre o ser aural e a personalidade da ordem de emergência, e está em perfeita concordância com esta em sua ação de atração e repulsão de forças e substâncias para a sua vida e sustentação. Esse campo de força é luminoso e vibrante e possui uma estrutura individual de linhas e centros de força com um movimento dinâmico. Dependendo do estado do campo de respiração (qualidade – vibração – força) todas as forças e substâncias que nele ingressam, provenientes do exterior, são aceitas ou repelidas, retardadas ou intensificadas em sua atividade, admitidas no sistema ou rejeitadas por ele. O campo de manifestação faz parte do sistema tríplice dialético do homem: é uno com ele, em sua essência.

Consciência: A consciência ou consciência-eu biológica é o centro da consciência natural comum do tríplice sistema dialético do homem, delimitado pelo campo de manifestação. É preciso, porém, não confundir a consciência-eu biológica com o aspecto espiritual superior humano, embora este esteja sujeitado pela primeira. [30]

Consciência-eu: Ver Consciência.[57]

Dialética: Nosso atual campo de vida, onde tudo se manifesta em pares de opostos. Luz e trevas, alegria e tristeza, juventude e velhice, bem e mal, vida e morte, quente e frio etc. são pares inseparáveis. Um sucede o outro de maneira inevitável, e, assim, um comprova o outro. Em virtude dessa lei fundamental, tudo o que existe nesta ordem de natureza está sujeito a contínua mudança e desintegração, a surgir, brilhar e fenecer. Por isso, nosso campo de existência é um domínio da dor, da angústia, do fim, da destruição, da doença e da morte. Por outro lado, de um ponto de vista superior, a lei da dialética é, ao mesmo tempo, a lei da graça divina. Por meio da destruição e da renovação constantes, essa lei impede a cristalização definitiva do ser humano, ou seja, seu declínio inexorável. Ela sempre lhe oferece uma nova possibilidade de manifestação e, com isso, uma nova chance de reconhecer o objetivo de sua existência e percorrer a senda do retorno mediante a transfiguração, o renascimento da água e do Espírito. [22]

Doutrina Universal: Não é um ensinamento, uma doutrina, no sentido literal comum, tampouco se pode encontrar em livros. Em sua essência mais profunda, é a vivente realidade de Deus. Essa Doutrina ou Filosofia Universal é, pois, o conhecimento, a sabedoria e a força que sempre de novo são ofertados ao ser humano pela Fraternidade Universal, a fim de possibilitar à humanidade decaída trilhar o caminho de retorno à casa do Pai. [10]

Éons: 1. Enormes períodos de tempo. 2. Grupo dirigente hierárquico do espaço e tempo, às vezes indicado como *æons* ou *archontes*. Monstruosa formação de potestades da natureza, antidivinas, criadas pelo humanidade decaída no decorrer dos tempos, em consequência de sua vida contrária a Deus, ou seja, por meio de seu pensar, querer e desejar, pois todos os seus impulsos, inclusive os pretensos bons, os criam e alimentam. Essas potestades manipulam abusivamente todas as forças naturais da dialética e da humanidade terrena, impulsionando-as a uma atividade ímpia em prol do próprio e tenebroso objetivo desse grupo: a automanutenção. Esse agrupamento hierárquico conseguiu livrar-se da roda da dialética, às custas, porém, de terrível sofrimento humano. Essa "libertação" apenas pode ser mantida, por meio de incalculável egoísmo, enquanto a humanidade, apesar de ser sua criadora, permanecer como sua presa e acorrentada à roda do nascimento e da morte, aumentando assim e conservando a dor neste mundo. Essas potestades, em seu conjunto, são às vezes denominadas hierarquia dialética ou "príncipe deste mundo". [61]

Escola Espiritual: Escola de Mistérios dos Hierofantes de Cristo. (ver Fraternidade Universal). [12]

Esfera aural: Ver Campo de manifestação. [10]

Espírito Santo: O terceiro aspecto da Divindade, que se manifesta de forma tríplice. Ele é o amor oniabarcante do Pai, explicado pelo Filho, que dimana para toda a humanidade decaída em um poderoso campo de irradiação sétuplo, para salvar o que está perdido. Sob a direção e o auxílio dessa força sétupla universal que se manifesta na Fraternidade Universal, torna-se possível concluir o processo de transfiguração. Nesse poderoso processo, o Espírito Santo encontra novamente morada no candidato: as núpcias alquímicas, a unificação da alma imortal com esse Espírito Santo, são festejadas. [24]

Fraternidade da Vida: Ver Fraternidade Universal. [19]

Fraternidade Universal: Hierarquia do divino reino imutável que constitui o corpo universal do Senhor. É conhecida como: Igreja Invisível de Cristo, Hierarquia de Cristo, Corrente gnóstica universal, Gnosis. Em sua atuação em prol da humanidade decaída ela é a Fraternidade de Shamballa, a Escola de Mistérios dos Hierofantes de Cristo ou Escola Espiritual dos Hierofantes, configurando-se na jovem Fraternidade gnóstica.

Hierarquia de Cristo: Ver Fraternidade Universal. [17]

Hierofante: Ver Fraternidade Universal. [23]

Igreja Ínvisível: Ver Fraternidade Universal. [59]

Microcosmo: O ser humano como *minutus mundus,* pequeno mundo, constitui um sistema de vida de forma esférica. Nele, do centro para a periferia, podemos distinguir: a personalidade, o ser aural e um campo espiritual magnético sétuplo. O verdadeiro homem é um microcosmo. O que neste mundo se denomina "homem" é apenas a personalidade de um microcosmo degenerado. Nossa consciência atual é uma consciência da personalidade e, por conseguinte, apenas percebe o campo de existência a que ela pertence. O *firmamento* ou *ser aural* representa a totalidade de forças, valores e ligações resultantes das vidas das diversas manifestações de personalidades no campo de manifestação do microcosmo. Todas essas forças, valores e ligações formam, em conjunto, as luzes, as constelações do firmamento microcósmico. Essas luzes são focos magnéticos que, em concordância com a sua natureza, determinam a natureza das forças e das substâncias que são atraídas da atmosfera e assimiladas pelo sistema microcósmico e, portanto, também pela personalidade. Consequentemente, assim como é a natureza dessas luzes, assim é a personalidade! Para mudar a natureza da personalidade é necessário antes mudar a natureza do firmamento aural, o que apenas é possível pela oblação do ser-eu, pela total demolição do eu. O *campo de manifestação* (ou *campo de respiração*) é o campo de força imediato no interior do qual é possibilitada a vida da personalidade. Ele é o campo de ligação entre o ser aural e a personalidade. Em seu trabalho de atração e repulsão das forças e das substâncias em benefício da vida e da conservação da personalidade, ele é inteiramente *uno* com esta última. [69]

Reino dos céus: A ordem divina, o reino original da humanidade, do qual ela caiu por uma catástrofe cósmica. Tanto o profundo anseio por libertação, ancorado no mais recôndito do ser, como o chamado e a total atividade dos grandes enviados da Corrente Universal de Fraternidades gnósticas que se têm manifestado, estão dirigidos ao retorno a esse verdadeiro campo de vida da humanidade. Contudo, o reino dos céus não deve ser confundido, como muitas pessoas o fazem, com a região do Além, a esfera refletora, onde os mortos permanecem. [25]

Roda do nascimento e da morte: Ou roda da vida e da morte. É o ciclo a que está submetido o microcosmo pela lei da dialética. Ele adota uma personalidade, que tem de decidir, durante a vida, entre vida e morte. Se não liberta o microcosmo segundo o plano do Logos, essa personalidade morre para que o microscosmo, depois de esvaziado, tenha nova oportunidade de libertação. [11]

Santuários da cabeça e do coração: A cabeça e o coração do homem destinam-se a ser oficinas consagradas para a ação divina no homem que restabeleceu a ligação espiritual, a ligação com seu Pimandro. Em sintonia com essa determinação superior, a cabeça e o coração tornam-se, após uma purificação completa e fundamental levada a efeito na senda da endura, uma magnífica unidade para um verdadeiro santuário a serviço de Deus e de seu desvelo para com o mundo e a humanidade. O fato de que essa determinação se torne consciente será um estímulo e uma advertência a fim de que se purifique toda a nossa vida mental, volitiva, emotiva e ativa de tudo o que se opõe a essa vocação superior. [58]

Ser sanguíneo: Ver Alma-sangue. [10]

Sistema de vida: Ver Microcosmo. [60]

Transfiguração: (adj. transfigurístico) O processo evangélico do renascimento da água e do Espírito, o caminho de volta para a pátria perdida, para o outro reino, para a ordem de vida de Cristo. [68]

Livros de autoria de J. van Rijckenborgh

- O advento do novo homem
- Análise esotérica do testamento espiritual da Ordem da Rosacruz
    - Vol. I: O chamado da Fraternidade da Rosacruz
    - Vol. II: Confessio da Fraternidade da Rosacruz
    - Vol. III: As núpcias alquímicas de Christian Rosenkreuz - Tomo I
    - Vol. IV: As núpcias alquímicas de Christian Rosenkreuz - Tomo 2
- Christianopolis
- Filosofia elementar da Rosacruz moderna
- A Gnose em sua atual manifestação
- A Gnosis original egípcia – Tomos I, II, III E IV
- A luz do mundo
- O mistério da vida e da morte
- O mistério das bem-aventuranças
- O mistério iniciático cristão: Dei Gloria Intacta
- Os mistérios gnósticos da Pistis Sophia
- Não há espaço vazio
- Um novo chamado
- O Nuctemeron de Apolônio de Tiana
- O remédio universal

Livros de autoria de Catharose de Petri

- O Verbo Vivente

Série das Rosas

- Transfiguração · Tomo I
- O selo da renovação · Tomo II
- Sete vozes falam · Tomo III

Livros de autoria de J. van Rijckenborgh e Catharose de Petri

- O apocalipse da nova era
  - A veste-de-luz do novo homem · Série Apocalipse, vol. I
  - A Fraternidade Mundial da Rosa-Cruz · Série Apocalipse, vol. II
  - Os sinais poderosos do conselho de Deus · Série Apocalipse, vol. III
  - A senda libertadora da Rosa-Cruz · Série Apocalipse, vol. IV
  - O novo caduceu · Série Apocalipse, vol. V
- O caminho universal
- A Fraternidade de Shamballa
- A Gnosis chinesa
- A Gnosis universal
- A grande revolução
- O novo sinal
- Réveille!

Eckartshausen

- Algumas palavras do mais profundo do ser
- Das forças mágicas da natureza

Mikhail Naimy

- O livro de Mirdad

Antonin Gadal

- No caminho do Santo Graal

Série Cristal

- 1 - Do castigo da alma
- 2 - Os animais dos mistérios
- 3 - O conhecimento que ilumina
- 4 - O livro secreto de João
- 5 - Gnosis, religião interior
- 6 - Rosacruzes, ontem e hoje
- 7 - Jacob Boehme, pensamentos
- 8 - Paracelso, sua filosofia e sua medicina atemporais
- 9 - O Graal e a Rosacruz

Outros títulos

- O caminho da Rosacruz no dias atuais
- O evangelho dos doze santos
- Trabalho a serviço da humanidade

Pentagrama publicações

Caixa Postal 39 — 13.240-000 — Jarinu — SP — Brasil
Tel. (11) 4016.1817 — FAX (11) 4016.3405
www.pentagrama.org.br
livros@pentagrama.org.br

IMPRESSO PELA GRAPHIUM GRÁFICA E EDITORA · (11) 2769-9056
A PEDIDO DO LECTORIUM ROSICRUCIANUM EM MAIO DE 2012